# 결정장애 치유

indecisiveness
healing

인 터 뷰 :
결정장애자
아브라함

| 이병준 지음 |

쿰란출판사

**머/리/말/**

## 아브라함은 결정장애자였다

아브라함의 이름에는 믿음의 조상이라는 수식어가 붙는다. 그는 위대한 족장이요 큰 부자였으며 포로로 끌려가던 조카 롯과 소돔의 백성을 직접 구해낼 만큼 위대한 용사였다. 그러나 그런 아브라함의 뒷모습은 결정장애자로서 치사하고 비열하며 소심하고 옹졸하기까지 했다. 또한 이러지도 저러지도 못할 딜레마에 빠져 자기는 물론 아내 사라를 비롯한 주변 사람들을 난감하게 만들 때도 많았다.

이삭이 태어나기 전에 아브람의 이름은 아브라함으로 바뀐다. 그때쯤 아브라함의 결정장애는 꽤 호전되었고, 이후 계속 이어진 하나님의 눈높이 맞춤교육을 통해 하나밖에 없는 아들을 바치라는 명령도 즉각 순종할 만큼 완전히 치유되었다. 하나님께서는 아브라함의 결정장애를 어떻게 고쳤으며 왜 고쳐야만 하셨을까? 아브라함이 아닌 제3의 인물이었더라도 하나님은 그렇게 하셨을까? 혹 내가 지금 부름을 받는다면 나도 아브라함처럼 순종하게 만드셨을까? 또 지구상의 어떤 인물이었더라도 반드시 그렇게 하셨을까?

정답은 예스(Yes)다. 그렇다면 하나님은 왜 그런 아브라함을 만드셨을까? 선천적인 결정장애자의 속성이 지금도 여전한 나로서는 그

비결이 무척 궁금했다. 나는 내 고질병 결정장애의 치유 방편으로 '닥터 지바고'라는 닉네임을 쓰고 있다. 닥터(Doctor)는 말 그대로 전문가란 뜻이고 지바고는 '지금 바로 Go!'다. 그렇게라도 결단력과 실행력을 키워 보고 싶었다. 나는 왜 뭔가를 결정하는 일이 힘들까? 지금도 나는 일상에서 뭔가를 선택하고 결정하는 일이 귀찮고 어렵다. 아내가 어떻게 할까를 물어 오면 짜증을 내며 알아서 하라고 얼버무리는 건, 내가 알아서 결정하는 일을 잘 못하기 때문이다.

나는 기질이 우유부단형인 데다 원가족 시스템에서 살아남느라 무의식적으로 선택한 가족역할(role)에 의해 결정장애자가 되었고 어른이 되어선 회색분자로 살았다. 나는 흰색도 아니고 까만색도 아니다. 열정주의 영성도 아니고 지성주의 영성도 아니다. 보수도 아니고 진보도 아니다. 상남자도 아니고 자상한 남자도 아니다. 좋은 남편도 아니고 무심한 남편도 아니다. 자식들의 완벽한 롤 모델도 아니고 무식한 아버지도 아니다. 이것저것 잔재주는 많지만 탁월하게 잘하는 것도 없고 뒤떨어지는 것도 없다. 합리화라는 방어기제를 작동시켜 중용(中庸)이라는 적당한 말로 위안을 삼아 보지만 시답잖다.

그런데 자세히 보니 나만 그런 게 아니다. 주변엔 "나 결정장애자야!"라고 스스로 말하거나 다른 사람들로부터 "너 결정장애자야!"라는 말을 듣는 사람들이 적지 않다. 또 결정장애라는 말과 함께 선택장애나 햄릿 증후군이란 용어도 많이 쓰이는 걸 보면 결정장애를 겪는 사람들이 적지 않은 모양이다. 교육 수준과 경제 수준이 이렇게 높아졌고 첨단 과학을 통한 핑크빛 미래를 꿈꾸는 요즘에 결정장애자가 더 많아진 기현상을 어떻게 설명해야 할까? 더구나 결정장애(decision disorder)라는 용어는 이상심리학의 공식 임상용어도 아닌데 말이다. 그런 까닭에 지인들에게 결정장애자라고 콕 집어 말하는 것도 거리낌 없고 혹은 자신이 결정장애자라 지적을 받아도 화를 내지 않고 쿨하게 인정한다.

왜 우리는 결정장애자가 되었을까? 타고난 기질이 그럴 수 있다. 여리고 소심한 사람들은 뭔가를 선택하고 결정하는 게 어렵다. 어린 시절에 선택의 기회를 가져본 일이 없었기 때문일 수도 있다. 나는 여기에 해당한다. 아들만 넷인 집의 막내인 나에겐 선택의 기회란 없었다. 옷을 사도 늘 큰형 것을 샀고, 둘째 형과 셋째 형을 거쳐야 나에게로 왔다. 나에게 올 때쯤이면 소매는 너덜너덜했고 팔꿈치나 무릎은 구멍을 메꾸느라 천을 덧대고 꿰매 늘 투톤 컬러의 옷이 되어 있었다. 나는 어릴 때부터 자동으로 아나바다 운동을 실천했다. 선택의 기회가 아예 없으니 애초에 요구하지도 않았고 떼를 쓰거나 고집을 피우지도 않았다.

나중에 심리상담학을 공부해보니 원가족(original family)에서의 내

무의식적 가족 '역할'(role)이 '잃어버린 아이'(lost child, 착한 아이)라서 주로 '철회'(withdrawal)라는 방어기제를 사용하고 있었다. 초등학교 6학년 때였다. 읍내 문구점에서 만년필을 하나 사는데 나는 한 시간이 넘도록 결정을 못한 채 이것저것 만지작거리고 있었다. 그런 나를 딱하게 본 주인 아저씨가 내가 가진 돈에 맞는 만년필을 골라 주었고, 거절했다간 혹시라도 주인 아저씨가 화를 내면서 호통을 칠까 무서워 받아들고 나왔다.

지금도 나는 결정을 잘 못할 뿐 아니라 앞서 내린 결정에 대해 후회를 많이 하는 편이다. 작은 일에 일희일비하는 소심한 인간의 전형이라 대범하게 용단을 내리고 시행하는 사람들이 마냥 부럽다. 성경을 읽다가 아브라함 앞에서 한없이 작아졌다. 하나님의 시험에 절대순종을 선택하는 그의 믿음과 결단력이 부러웠다.

그런데 심리상담학의 눈으로 아브라함을 탐구해 보니 그는 원래 심각한 결정장애자였다. 그것이 무엇보다 반가웠다. 심각한 결정장애자였던 아브라함이 결단력과 실행력을 겸비한 인물로 바뀌었다면 나도 가능성이 있다는 희망이 생겼다. 이에 나는 그 비밀을 당사자에게 직접 물어 보고 싶었고, 상상력을 동원하여 아브라함과 인터뷰를 해 보았다. 결정장애 굿모닝!

차/례/

머리말_ 아브라함은 결정장애자였다 … 2

**1부**

## 인터뷰 사전 정보

왜 현대사회는 결정장애자를 양산하나? | 12
왜 신앙인도 결정장애자가 되나? | 16
왜 아브라함은 부흥사들의 단골 메뉴였나? | 22
왜 인터뷰 시기는 아브라함의 말년인가? | 29

**2부**

# 아브라함을 부르신 필연적 이유

인터뷰 1. 왜 하나님은 아브라함을 부르셨나? | 36

인터뷰 2. 왜 아브라함의 부름이 제2의 창조인가? | 43

인터뷰 3. 왜 하나님은 선악과라는 안전장치를 만드셨나? | 49

인터뷰 4. 왜 형 가인은 동생 아벨을 죽였나? | 56

인터뷰 5. 왜 고향과 친척과 아버지 집을 떠나라고 하셨을까? | 74

인터뷰 6. 왜 아브라함에겐 선택권이 주어지지 않았나? | 78

인터뷰 7. 왜 아브라함에게 신적 권위를 부여하셨나? | 85

인터뷰 8. 왜 롯은 아브라함에게 보험이었을까? | 89

인터뷰 9. 왜 아브라함은 가나안에 오자마자 실수부터 했나? | 98

인터뷰 10. 왜 아브라함에게 가나안은 사기에 해당했나? | 102

> 3부

## 아브라함의 치유 과정

인터뷰 11. 왜 사라는 아브라함보다 일찍 죽었나? | 112

인터뷰 12. 왜 하나님은 꼭 딜레마 상황일 때라야 개입하시나? | 117

인터뷰 13. 왜 하나님은 아브라함으로부터 롯을 떼내셨나? | 124

인터뷰 14. 왜 아브라함은 목숨 걸고 롯을 구했나? | 129

인터뷰 15. 왜 하나님은 자신에게도 의무를 지우셨나? | 132

인터뷰 16. 왜 가정에선 여자 말을 잘 들어야 하나? | 137

인터뷰 17. 왜 하나님은 이삭 탄생 전에 이름부터 바꾸어 주셨나? | 142

인터뷰 18. 왜 이삭 탄생 전에 할례를 행하라 하셨나? | 147

인터뷰 19. 왜 하나님은 아브라함의 아들 이름을 이삭이라고 하셨나? | 152

인터뷰 20. 왜 아브라함의 아들은 이삭 하나뿐인가? | 156

**4부**

# 믿음의 조상으로 우뚝 선 아브라함

**인터뷰 21.** 왜 아브라함은 중재자의 모델인가? | 162
**인터뷰 22.** 왜 하나님은 아브라함을 선지자로 세우셨나? | 167
**인터뷰 23.** 왜 하나님은 하갈과 이스마엘을 분리시키셨나? | 173
**인터뷰 24.** 왜 강자가 약자에게 절절매나? | 177
**인터뷰 25.** 왜 하나님은 이삭을 바치라 하셨나? | 184
**인터뷰 26.** 왜 이삭은 죽기까지 순종하였나? | 194
**인터뷰 27.** 왜 제네시스는 해피니스인가? | 198
**인터뷰 28.** 왜 욥이 받은 갑절의 복은 고난을 견뎌서가 아닌가? | 201
**인터뷰 29.** 왜 하나님의 기준은 때에 따라 다를까? | 208
**인터뷰 30.** 왜 하나님은 특단의 조치를 취하시나? | 216

**맺음말_** 결정장애의 치료제는 믿음이다 … 230

> 1부

# 인터뷰
# 사전 정보

아브라함을 인터뷰하려면 사전 지식이 필요하다. 우리는 하나님께서 아브라함을 부르셨다는 것과 아브라함이 부르심에 순종했다는 내용만 알지 왜 하나님이 아브라함을 선택하셨는지에 대해선 생각하지 않았다. 또 아들까지 바친 아브라함이 위대하다고만 했지 아브라함을 불러서 끝끝내 순종하게 만드신 하나님의 위대하심을 도외시했다. 이젠 '왜 아브라함을 부르셨을까?'에서 '왜 아브라함을 부르실 수밖에 없으셨을까?'의 차원으로 바꿔 보자.

# 왜 현대사회는
## 결정장애자를 양산하나?

● 　　　　극도로 세분화된 현대사회에서는 결정할 일이 너무 많다. 눈 뜨는 순간부터 잠자리에 들기까지 결정의 연속이다. 아침에 일어나면 신체의 일부가 된 스마트폰을 집어들고 자기 SNS에 올라온 다른 사람의 댓글을 확인하거나 다른 사람의 SNS를 본다. 거기에 '좋아요'를 눌러 줄지 댓글을 달아야 할지 보기만 해야(눈팅) 할지 고민한다. 댓글을 단다면 또 얼마만큼의 길이로 써야 할지, 이모티콘만 남길지 고민이다. 아침 식사를 해야 할지 말아야 할지, 먹는다면 무엇을 먹을지, 간편식으로 먹을 건지 제대로 먹을 건지, 한식으로 할지 양식으로 할지, 아니면 브런치로 때울지 결정해야 한다…. 그렇게 하루 종일 선택의 홍수에 빠진다.

　음식도 수많은 선택 과정을 거쳐야 겨우 먹는다. 패스트푸드점이나 패밀리 레스토랑에서의 주문은 수십 가지 선택 과정을 거쳐야 한다. 개인의 취향 존중이야 인정하지만 어떨 때는 어렵고 귀찮다. 그럴 땐 단품 메뉴만 제공하는 전문식당이나 앉기만 하면 음식이 나오는 백반식 기사식당이 편하다. 어떤 기사식당은 자리에 앉은 지 1분 안에 상차림이 완료된다. 주는 대로 먹으니 선택을 고민할 필요가 없다. 운수업에 종사하는 사람들이 빨리 먹고 일할 수 있도록 돕기 위한 방안이다. 그래도 매일 이용하는 단골고객을 위해 요일별 메뉴를 달리 하는 센스를 발휘한다. 단골은 선택의 고민 대신 그날 음식에 대한 기대감을 즐긴다. 물론 그것은 그 식당의 음식 솜씨를 전적으로 신뢰한다는 믿음을 전제로 한다.

심리학자들은 너무 많은 선택이 도리어 우유부단(indecision)한 사람을 만든다고 말한다. 어떤 물건을 구입할 때에 선택지가 넓은 쪽으로 사람이 몰리기는 하나 정작 구입하는 쪽은 선택지가 좁은 쪽이다. 특히 통합적 사고가 형성되지 않은 유아기 자녀에게 너무 많은 선택권을 부여하면 그 아이는 우유부단한 사람이 된다. 요즘 청춘들이나 학생들 중에 결정장애자가 많은 이유도 어릴 때 너무 많은 선택권을 부여 받은 것에 대한 역반응이다. 선택을 하려면 선택할 수 있는 이성적 판단 능력이 있어야 하고, 이성적 판단이 제대로 작동하려면 기본 교양의 양이 차야 한다. 그런데 요즘 아이들은 기본 교양의 양이 턱없이 부족하기 때문에 결정장애자가 될 수밖에 없는 악순환의 늪에 빠진다.

제도화된 교육은 결정장애자를 양산한다. 제도화된 교육은 교사 중심의 연역법식 주입 교육이므로 생각하게 하는 교육이라기보다 사고와 감정까지도 규격화하는 교육이다. 스스로 생각하는 주체가 되지 못하면 불안과 두려움에 빠질 수밖에 없다. 그런 까닭에 한국은 교육열이 전 세계에서 가장 높은 나라임에도 교육방식과 학업

성취도는 바닥이다. 문맹률이 가장 낮은 나라가 되긴 했지만 행복지수는 늘 하위권에 맴돈다. 인구 5천만 이상의 국가 중 GDP 3만 달러를 넘긴 일곱 번째 나라가 되어 물질적으로는 세계 어느 나라 못지않게 풍요로워졌는데 정신적 빈곤의 늪에 빠졌다.

그런 면에서 한국인이 느끼는 불행은 정신적 빈곤으로 야기된 상대적 박탈감에 의한 불행이다. 한국인이 행복해지는 비결은 간단하다. 주관적 만족감 즉, 스스로 행복하다고 생각하면 곧바로 행복해진다. 가끔 이 말이 와닿지 않는다는 사람들에게 나는 이렇게 말한다. "불행을 행복으로 바꿔 주는 장치는 '다행'이라는 스위치다. 불행이라고 생각했던 모든 일을 다행이라고 여겨보아라. 그럼 당장 행복해질 것이다."

교양의 부족도 결정장애자를 만든다. 제도화된 교육의 커리큘럼은 기능하는 인간, 유용한 인간을 만드는 생존 교육이라서 교양 함양과는 거리가 있다. 물론 학교의 잘못은 아니다. 교양은 가정교육으로 형성되기 때문이다. 아이들은 가정교육을 통해 정신건강과 인성이 잘 형성되고 학교교육을 통해 생존의 기술을 얻어 사회로 나가야 한다.

그런데 한국 부모는 학교를 너무 신뢰한 나머지 가정에서 해야 할 인성 교육과 교양의 함양까지도 학교가 다 알아서 해 줄 것이라고 여긴다. 그 때문에 교사는 정신건강과 인성이 형성되지 않은 아이들 때문에 힘들고, 부모는 학교를 다님에도 정신건강과 교양이 부족한 자녀로 인해 힘들다.

부모들은 학교를 신뢰하듯 교회도 너무 신뢰한 나머지 교회가 자녀의 신앙교육을 책임져줄 것이라고 착각한다. 그 때문에 부모의 신앙은 자녀들에게 전수되지 못하고 자녀들은 교회를 떠난다.

또한 돈신, 즉 맘몬(mammon)을 섬기는 사람이 결정장애자가 된다. 맘몬은 사람들을 불안과 두려움으로 얽어맨다. 자본주의 사회가 돈의 가치나 효용성을 따지는 것은 당연한 일이지만 돈의 힘이 너무 강력하면 그 힘에 압도당할 수밖에 없다. 지난 몇 년 사이에 N포 세대가 된 청춘들이 급증했다. 처음에 연애, 결혼, 출산의 3포를 말하더니 거기에 내 집 마련과 인간관계를 포함해서 5포, 꿈과 희망까지 포기해 7포가 되었다가, 그 외의 것들까지 포기해서 N포 세대가 되었다.

외적 이유는 취업난과 장기화된 경기 불황, 불안정한 정치, 국제 사회의 예측불가한 변화와 이해관계 등이 제시되고 있다. 지난 몇 년 사이에 하늘로 치솟은 집값을 보면 평생 돈을 모아도 내 집 한 칸 살 수 없는 현실에 절망하게 된다. 그래서 주식이나 비트코인 같은 재테크에 눈을 돌리는 청춘들도 늘고 있다. 내적 이유는 불안과 두려움의 늪에 빠져서이고 회복탄력성(resilience)과 심리적 내성이 너무 약해서이다.

# 왜 신앙인도
## 결정장애자가 되나?

● 　　　결정장애자의 기저 감정은 불안과 두려움이다. 불안과 두려움은 전 인류의 보편적 특성이며 가장 낮은 인간의 의식 수준이다. 이에 예수께서는 산상수훈을 통해 "그러므로 내일 일을 위하여 염려하지 말라 내일 일은 내일이 염려할 것이요 한날의 괴로움은 그날로 족하니라"(마 6:34)라고 말씀하시면서 들의 백합화라고 번역된 야생의 들국화와 참새를 증인으로 채택하셨다. 풀 한 포기, 새 한 마리까지 먹이고 입히시는 하나님을 믿고 염려하지 말라고 촉구하셨다.

　사도 베드로 역시 "너희 염려를 다 주께 맡기라 이는 그가 너희를 돌보심이라"(벧전 5:7)라고 권고하였다. 그런데 유독 한국인들에게 불안(염려)과 두려움이 큰 이유는 '수치심에 기반을 둔 자아정체감' 때문이다.

　불안과 두려움이라는 감정에 묶이면 자기의 뜻(power)대로 인생을 끌어가는 주체가 못 되고 외부의 힘(force)에 끌려가는 객체가 된다. 그렇게 되면 늘 주변 사람들의 목소리에 일희일비하고 유행과 풍조를 따라가며 뭔가를 결정할 때는 대세의 흐름에 맡긴다. 우리 문화에 깊이 깔려 있는 체면문화나 빚을 내서라도 구색을 갖추려는 문화도 여기에 근거한다.

그런 까닭에 한국엔 천편일률적인 것이 너무 많다. 어느 도시를 가든 아파트, 상가 등 건물 모양이 똑같다. 도시 나름의 특색이 별로 없다. 경주나 전주 같은 천년고도의 특정지역은 그나마 고풍스런 멋을 내기는 하지만 그 도시의 다른 지역은 여타 도시와 다를 바 없다. 똑같아도 너무 똑같다. 지나가는 여학생들의 머리 모양이나 옷차림, 말투와 행동거지도 똑같다. 심지어 각 가정에서의 싸가지 없는 자녀들의 행동도 똑같다.

나는 이 현상을 책 두 권을 통해서 설명하였다. 하나는 《다 큰 자녀 싸가지 코칭》(2012, 코리아닷컴)이고, 또 다른 하나는 《왕이 된 자녀 싸가지 코칭》(2020, 피톤치드)이다. 그 책을 읽고 다 큰 자녀에 대해 싸가지 코칭을 요청하는 부모들이 탄식하는 자녀들의 문제 행동을 보면 마치 사이보그에 입력해 놓은 프로그램처럼 똑같다.

국민들이 불안과 두려움에 묶여 있으니 이를 등쳐먹고 사는 세 가지 부류의 직업군이 있다. 점쟁이와 사이비종교 교주와 몇몇 학원장이다. 이들은 사람들의 불안과 두려움을 자극하여 먹고산다. 한국엔 점쟁이가 목사보다 많다. 심지어 점을 보는 사람들 중에 크리스천도 적지 않다는데, 하나님을 섬긴다면서 점을 본다는 건 양다리를 걸쳤다는 뜻이요 신앙적 결정장애자라는 뜻이다. 엘리야 시대에 여호와와 바알을 동시에 숭배했던 이스라엘 백성의 모습이나 모세

시대에 여호와를 섬기면서도 가나안 지역의 우상을 동경했던 이스라엘 백성들과 똑같다. 불안과 두려움에 압도당하면, 아무리 신앙을 가졌고 교회를 열심히 다녀도 끌려갈 수밖에 없다. 그래서 기독교의 이단은 기독교의 교리에 점쟁이 요소를 가미한 혼합 교리인 경우가 많다.

이 세 가지 부류의 직업군이 하는 일은 결정해 주는 것이다. 점쟁이는 미래를 예측하며 해야 할 일과 하지 말아야 할 것들을 결정해 준다. 사이비 종교 또한 반드시 해야 할 일과 절대 하지 말아야 할 일에 대해서 명확히 알려 준다. 심지어 이사나 직업 선택은 물론 결혼과 같은 개인의 중대사까지도 교주가 결정해 준다. 그래서 사이비 종교에서는 수백 쌍의 합동 결혼식 같은 행사를 자주 갖는다.

이상심리학으로 보면 교주들은 망상성(편집증적) 성격장애자들이다. 자기가 하는 말은 죄다 신의 말씀이며 자신의 행동은 신이 시킨 일이라고 철석같이 믿는다. 그러니 강한 확신을 가지고 말을 한다. 거기에 딸려 가는 사람은 의존성 성격장애를 가진 이들로서 결정장애자들이 대부분이다.

학원도 마찬가지다. 혹시나 자녀가 뒤처지진 않을까 하는 부모의 불안과 두려움을 자극한다. 이런 대화를 흔히 보거나 들었을 것이다. 학원장이 학부모를 만났다.

"지금 아이가 몇 학년인가요?"

"초등학교 5학년입니다."

"그럼, 지금 수학 **하고 있으신가요?"

"아니오."

"아니 어머니, 나중에 어떡하려고 학원 안 보내세요?"

"아니 왜요?"

"왜요라니요! 지금 수학 ○○을 안 하면 다른 아이들 못 따라가요. 지금 못 따라가면 중학교 이후의 공부는 물 건너갑니다."

대화가 이런 식으로 흘러가면 그 엄마는 아이를 그 학원에 등록시킬 수밖에 없다. 어쩔 수 없이 생활비를 쪼개거나 학원비를 벌기 위해 몸이 부서져라 일한다.

나는 상담 현장에서 많은 크리스천을 만났다. 그들 중에는 신앙인이라고 하기엔 뭔가 이상한 사람들이 너무 많았다. 점을 치러 가는 사람들이나 늘 수치심에 찌들어 살면서 어색한 웃음을 짓는 사람도 많았다. 그들은 새로운 일에 대한 호기심과 자발성을 잃은 채 살고 있거나, 혹은 종교적 신념에 묶여 자기만의 세계에서 살고 있었다. 그런 사람들은 총천연색의 아름다운 세상을 흑백의 눈으로 본다. 신앙의 본질은 자각(self awareness)이므로 흑백의 눈으로 살았던 사람들로 하여금 총천연색의 세상을 볼 수 있게 해준다. 그런데 종교로 인해 총천연색을 보던 사람이 도리어 흑백만 보게 되었다면 그건 더 이상 종교가 아니라 하나의 단체(organization)이거나 사상(-ism)에 불과하다.

다행스럽게도 세상엔 물질보다 더 중요한 정신적 가치가 있고, 과학적 인과론 너머에는 철학과 종교가 있다. 이들은 오랫동안 인류의 정신세계를 지탱해 왔다. 인류의 베스트셀러 성경은 인간의 행복을 위한 지침서로 충분하다. 창세기만 읽어도 인간이 처음부터 행복하게 창조된 존재라는 것을 알 수 있고 이 세상은 온통 하나님의 사랑으로 충만하다는 것도 알 수 있다. 다만, 그것을 가로막는 주체가 인간이라는 것도 안다면 말이다.

신앙인은 결정장애자일 수 없다. 하나님께서는 우리가 무엇을 선택하든 합력하여 선을 이루도록 이끄신다(롬 8:28). 그리고 예수를 믿어 거듭난 각 사람에게는 성령님이 보혜사(counsellor)가 되어 삶의 매 순간마다 현명한 결정을 할 수 있도록 도와주신다. 신앙인은 세상을 살아가는 동안 혼자 대소사를 결정하지 않아도 된다. 또한 하나님께서는 인간이 홀로 살지 않도록 구약에서는 가정을, 신약에서는 교회를 만들어 주셨다. 가정과 교회는 똑같은 속성을 가졌기에 교회 같은 가정이어야 하고 가정 같은 교회여야 한다. 두 곳 다 "벌거벗었으나 부끄러워하지 아니하니라"(창 2:25)가 실현되는 공동체로서 서로를 도울수록 피차가 더 풍성해지도록 설계되었다.

결정장애를 치유하는 것은 온전한 믿음이다. 그렇지 못하면 늘 현실이라는 거대한 벽에 부딪쳐 불안과 두려움의 노예로 살 수밖에 없다. 엘리사 선지자에게는 수종 드는 사환이 하나 있었는데 그는 현실만 보는 사람이었다. 이웃 나라 아람 왕이 쳐들어왔을 때의 일이다. 아람 왕이 무슨 계획을 세우든 이스라엘에서 미리 대비하는 바람에 번번이 실패하자 스파이가 있다고 단정 지었다. 그러다 이스라엘에는 하나님의 사람 엘리사가 하나님의 능력으로 아람 왕의 모든 계획을 다 안다는 사실을 알게 되었다. 이에 아람 왕은 엘리사부터 제거하기 위해 엘리사가 살고 있던 성을 포위하였다.

"하나님의 사람의 사환이 일찍이 일어나서 나가보니 군사와 말과 병거가 성읍을 에워쌌는지라 그의 사환이 엘리사에게 말하되 아아, 내 주여 우리가 어찌하리이까 하니 대답하되 두려워하지 말라 우리와 함께 한 자가 그들과 함께 한 자보다 많으니라 하고 기도하여 이르되 여호

> 와여 원하건대 그의 눈을 열어서 보게 하옵소서 하니 여호와께서 그 청년의 눈을 여시매 그가 보니 불말과 불병거가 산에 가득하여 엘리사를 둘렀더라" **왕하 6:15-17**

엘리사는 사환의 눈을 뜨게 하여 하나님의 군대가 훨씬 더 많다는 것을 보여 줌으로 사환의 불안과 두려움을 잠재웠다. 그리고 아람 군대의 눈을 어둡게 하여 수도 사마리아 한복판으로 끌어들였다. 그들이 눈을 뜬 후 독 안의 쥐 신세가 된 것을 깨달았다. 그때 엘리사는 이스라엘 왕으로 하여금 그들에게 음식을 제공하여 먹고 마시게 한 후 그들을 곱게 돌려보내게 하였다. 그 후로 아람은 다시는 이스라엘 땅에 들어오지 못했다.

하나님이 함께 계심을 확실히 믿는다면 불안과 두려움에 떨 이유가 없다. 오히려 더 여유로울 수 있다. 삼국지의 칠종칠금(七縱七擒)에 얽힌 이야기는 촉나라의 능력자 제갈량이 언제라도 맹획(孟獲)을 잡을 수 있다는 것을 보여 준다. 우리도 마찬가지다. 하나님과 동행하면 어느 때라도 현명한 선택을 할 수 있고, 무슨 일에나 유능하고 넉넉해서 세상을 이길 수 있다. 엘리사가 선으로 악을 이긴 것처럼 우리도 그렇게 살 수 있다.

따라서 하나님을 신뢰하는 사람은 결정장애에 걸릴 이유가 없다. 신앙인으로 살면서 결정장애 요소가 스멀스멀 올라온다면 믿음이 약해졌다는 증거로 해석해도 좋을 것이다.

# 왜 아브라함은
## 부흥사들의 단골 메뉴였나?

● 　　　　아들을 바치는 시험을 통과한 아브라함은 부흥사들의 단골 소재였다. 왜 그럴까? 그가 보통사람으로선 불가능한 일을 했기 때문일까? 그런데 왜 부흥사들은 아브라함의 믿음에 대해서만 말하고 아브라함을 그 수준에 도달시킨 하나님에 대해서는 말하지 않았을까?

J시의 연합 부흥집회에서였다. 그날 저녁 집회의 성경 본문은 창세기 22장의 아브라함이 아들 이삭을 바쳤다는 부분이었다. 부흥강사가 설교 중에 그날 찬양 인도자를 일으켜 세웠다. 당시의 부흥사들은 꼭 취조하는 듯 일방적 반말로 물었다.

"찬양 인도하신 분, 일어서봐. 직분이 뭐야?"

"네. 여기 ○○교회 C집사입니다."

"그래, C집사, 아들 있어?"

"네. 아들 하나 딸 하나 있습니다."

"아들 있구면. 오늘 아브라함의 믿음을 보았지? 만약 하나님이 C집사에게 아들 바치라고 하면 바칠 수 있어?"

"…."

C집사는 선뜻 대답을 하지 못했다.

"쉽지 않지? 그럼 말이야. 아들을 바치는 게 쉬워, 아니면 황소 한 마리를 바치는 게 쉬워?"

"당연 황소 한 마리가 쉽지요."

"요즘 황소 한 마리 얼마 정도 하지?"

"아마 ○○만 원 정도 할 겁니다."

"그럼, 내일 ○○만 원을 황소 한 마리 값으로 헌금해. 내가 축복 기도해 줄 테니까."

다음 날 C집사는 황소 한 마리 값을 헌금하였다. 그때 C집사의 믿음은 순도 100퍼센트였다. 그는 부흥강사의 말을 하나님 말씀으로 받을 만한 사람이었고 틀림없이 그 믿음에 합당한 복을 받았을 것이다.

나는 여기서 부흥강사가 잘못이라고 비판하려는 것이 아니다. 그 또한 믿음의 세계에선 있을 수 있다. 다만, 이 이야기에서 아브라함에게 초점을 맞추느라 하나님이 아웃 포커싱 된 것을 생각해 보자는 것이다. 하나님께서는 어떤 망설임도 없이 아들을 바치는 아브라함으로 만들기까지 오래 참으면서 지속적인 눈높이 맞춤 교육을 시행하셨다. 하나님 입장에서는 아브라함이 아들을 바치는 믿음의 수준에 도달시켜야 할 필연적인 이유가 있었기 때문이었다.

만약 내가 아들을 바쳤으니 하나님께서 반드시 복을 주셔야만 한다고 한다면, 그것은 아브라함이 살았던 고대 근동 지역 사람들이 이방신을 섬기는 풍습과 다를 바 없다. 신정국가 시대였던 당시는 신탁을 받던 시대였다. 그래서 나라의 재난이나 위기가 닥치면 왕은 자신의 소유 중에서 가장 귀한 것을 신께 바쳐서 재난이나 위기로부터 벗어나려 했다. 가장 귀한 것은 단연코 맏아들이었다. 일반 백성들 중에도 맏아들을 신께 바침으로써 더 많은 자녀를 복으로 받으려는 이들이 있었다. 이로 인해 영아 살해가 빈번했다.

게다가 내가 아들을 바쳤으니 하나님께서 반드시 복을 주셔야 한다고 말한다면 하나님은 자판기와 진배없다. 언젠가 하비 콕스(Harvey Cox, 1929~)라는 미국의 신학자가 한국을 다녀간 적이 있다. 교계 지도자들이 대형 교회들을 보여 주며 한국교회의 부흥을 자랑하였다. 그는 그 부분을 인정하며 놀라워했다. 그리고 하버드 대학교에서 사회윤리학을 강의했던 신학자로서 교회의 세속화와 교회의 자본주의화에 대한 경고로 유명한 사람인 만큼 한국교회에도 일침을 날렸다.

"지금까지 기독교 역사에서 한국교회의 역사만큼 위대한 부흥의 역사는 없었다고 봅니다. 가히 자랑할 만합니다. 그런데 제가 와서 살펴본 한국교회의 하나님은 자판기(vending machine)였습니다."

그의 말을 빌리자면 한국의 하나님은 자판기며 걸핏하면 신자들의 발길에 걷어차이는 분이다. 자판기에 동전을 넣고 버튼을 눌렀는데 내용물이 안 나오면 자판기를 걷어차듯이, 하나님께 헌금이든 봉사든 작정기도든 어떤 신앙의 행위를 한 후 하나님이 그에 대해 즉각 응답하지 않거나 기대와 다른 응답으로 왔을 때 하나님을 걷어찬다. 또는 자기가 원하는 것을 얻을 때까지 행패를 부린다. 금식기도나 작정기도는 하나님의 뜻에 맞추기 위한 것이지, 자신의 뜻에 하나님을 맞출 때 하는 게 아니다.

연합 부흥집회가 진행될 때 나는 신대원에 재학 중이었다. 한창 신학을 배우고 있을 때였음에도 그 장면을 도무지 납득할 수 없었다. 의구심과 반발심에 반주자의 자리를 박차고 나가고 싶은 충동을 눌러야 했다. 그 이후에도 아브라함을 소재로 한 다른 목사님들의 설교를 몇 번 더 들었는데 맥락은 다 비슷했다. 나중에 상담심리학을 공부하고 아브라함이란 인물을 분석해보고 나서야 아브라함에게 초점을 맞출 게 아니라 하나님께로 맞춰야 한다는 것을 깨달았다.

이 책은 그렇게 진행될 것이다. 우선은 우리와 너무도 닮은 한 인간으로서의 아브라함부터 만날 것이다. 그리고 먼발치에서가 아니라 매우 가까이에서 맞춤형 눈높이 교육을 시켜 주시는 하나님도 만날 것이다. 아브라함의 믿음은 위대하다. 그런데 아브라함의 위대한 믿음을 만드신 하나님은 더 위대하시다.

왜 부흥사들은 아브라함이 아들을 바치는 이야기를 단골 메뉴로 삼았을까? 지구상 그 누구도 아들을 바치는 믿음의 수준에 도달한 사람은 없기 때문이다. 만약 이 이야기를 신앙인이 도달해야 할 목표점으로 설정한다면 신자들은 수치심(shame)에 사로잡힌다. 사람이 수치심의 노예가 되면 수치심을 주는 주체에게 예속된다.

그래서 오랫동안 교회를 다닌 크리스천 중에는 수치심에 기반을 둔 자아정체감을 가진 사람들이 의외로 많다. 종교는 수치심으로부터 벗어나게 하는 것인데 종교가 도리어 '뭔가 잘못됐어'(something wrong)라는 수치심을 가중시킨다면 이미 종교가 아니다. 수치심을 가중시켜 사람을 통제하는 것은 사이비 종교의 전형적 방식이다. 이단과 사이비 종교가 한국에 유독 많은 것은 수치심에 기반을 둔 자아정체감을 가진 사람이 한국에 가장 많기 때문이다. 역기능 가정 출신, 불안한 어린 시절, 외롭게 자란 사람, 버림받은 사람, 학대 받은 사람, 천성적으로 여리고 약한 사람 등이 사이비 종교에 현혹될 위험이 높은 것은 그런 이유에서다.

하나님은 어떤 의도든 인간에게 수치심을 심지 않으신다. 수치심 대신 죄책감(guilty)은 갖게 하신다. 어떤 잘못된 행위를 했을 때 느끼는 죄책감은 건강한 감정이다. 오히려 하나님께서는 죄책감을 느끼지 못해 끝내 회개하지 않는 백성들을 목이 곧은 백성이라며 질책하셨다. 하나님은 명백한 죄에는 대가를 지불하게는 하시지만 그것이 목적이 아니라 대가를 지불한 후의 참 만남을 갈망하는 분이시다.

하나님이 거룩함과 성결을 요구하시는 것은 하나님이 거룩하고 성결한 분이시기에 인간이 그런 조건을 갖추지 못할 때는 참 만남이 불가능하기 때문이다. 그래서 당신의 독생자 예수를 그토록 처참하게 십자가에서 죽게 하면서까지 인간의 죄를 사해주셨다. 그런 하나님의 생각을 예레미야서는 이렇게 표현한다. 선지자 예레미야를 통해서 심판의 메시지를 전달하고 있지만 하나님의 진짜 마음은 심판이 아님을 거듭 강조하신다.

> "여호와의 말씀이니라 너희를 향한 나의 생각을 내가 아나니 평안이요 재앙이 아니니라 너희에게 미래와 희망을 주는 것이니라" 렘 29:11

이사야서에서도 동일하다. 북왕국 이스라엘이 패역을 거듭할 때 하나님은 선지자를 보내 기어코 심판할 수밖에 없는 이유를 말씀하신다.

"여호와께서 말씀하시되 오라 우리가 서로 변론하자 너희의 죄가 주홍 같을지라도 눈과 같이 희어질 것이요 진홍같이 붉을지라도 양털같이 희게 되리라" 사 1:18

이 구절은 흔히 사죄의 은총이란 주제 성구로 많이 암송되고 있다. 그러나 잘 살펴보면 사죄의 은총을 말하는 구절이 아니다. 북왕국 이스라엘 백성들의 죄를 낱낱이 열거하면서 심판할 수밖에 없는 하나님의 입장을 대변하고 있는 구절이다. 개역개정에는 평서문으로 되어 있지만 원래는 부가의문문이다. 요즘말로 풀이하면 이렇다.
"오라! 우리 서로 이야기 좀 해보자. 너 생각해 봐라. 응? 너희 죄가 주홍 같은데 그것이 어떻게 눈과 같이 희어질 것이며, 진홍같이 붉은데 어떻게 양털같이 희게 되겠냐?"
지금 이스라엘 백성의 죄가 주홍 같고 진홍 같아서 심판하실 수밖에 없는 하나님의 입장을 부가의문문을 통해서 되묻는 구절이다. 그래서 구절의 앞뒤에다 하나님께서 심판하실 수밖에 없는 이스라엘의 현재 죄악상을 낱낱이 열거하고 있다.
하나님께서 선지자를 보내실 때는 그 백성이 잘못 살고 있을 때다. 그래서 선지자의 말은 대부분 심판의 메시지일 수밖에 없다. 어느 선지서든 마찬가지겠지만 이사야서의 맨 첫 부분 역시 이스라엘 백성의 죄악상을 열거하고 있어야 한다. 그래야 선지자를 보내신 이유가 명확히 드러난다. 물론, 하나님의 경고 메시지는 심판 자체가 목적이 아니다. 이때 선지자의 메시지를 듣고 회개하면 하나님도 뜻을 돌이키고 심판을 행하지 않으시지만, 메시지를 듣고도 끝내 회개하지 않으면 어쩔 수 없이 멸망의 길로 이끌어 가신다. 북왕국 이스라엘이 B.C. 722년 앗수르에 의해 멸망당한 것은 백성들이 끝끝내 그분의 말을 듣지 않았기 때문이다.

예레미야서도 동일하다.

> "여호와의 말씀이 다시 내게 임하니라 이르시되 네가 무엇을 보느냐 대답하되 끓는 가마를 보나이다 그 윗면이 북에서부터 기울어졌나이다 하니 여호와께서 내게 이르시되 재앙이 북방에서 일어나 이 땅의 모든 주민들에게 부어지리라" 렘 1:13-14

하나님의 메시지는 이렇다.

"너 끓는 가마 봤지? 북쪽에서부터 기울어진 끓는 가마 말이야. 북쪽의 끓는 가마는 앗수르를 능가하는 바벨론이야. 너희가 치를 떠는 원수의 나라보다 더 무서운 나라지. 너희가 회개하지 않으면 그 끓는 가마를 부을 수밖에 없어. 그러니 제발 죄악에서 돌이켜. 회개해. 제발 내 말 좀 들어. 솔직히 나는 이 끓는 가마를 붓고 싶지 않아."

예레미야서 역시 앞부분에서 남왕국 유다의 죄악상을 열거하고 있다. 깨닫지 못하는 백성, 배은망덕한 백성에게 간음한 자매, 저축하지 못할 터진 웅덩이 등의 은유를 통해 계속 돌이킬 것을 촉구하고 있다. 그러나 집단 결정장애에 걸려 목이 곧았던 그들은 끝내 하나님의 말을 듣지 않았다. 그들의 패망은 하나님의 외면으로 초래된 것이 아니라 그들 스스로가 듣지 않고 돌이키지 않은 결과다.

# 왜 인터뷰 시기는
## 아브라함의 말년인가?

이 책은 상상력의 산물이다. 현대인들이라면 누구나 타임머신이라는 기계를 알고 있을 것이다. 빛의 속도보다 더 빨리 가면 과거로 돌아갈 수 있다는 가설, 〈스타트랙〉 같은 영화에서 말하는 워프, 우주에 존재하는 블랙홀이나 화이트홀 같은 통로를 통해서 과거로 갈 수 있다는 것 등을 말이다. 그런데 우리에겐 타임머신보다 훨씬 쉬운 상상력이란 도구가 있다. 그 상상력을 동원해서 아브라함을 만나 보자.

아브라함과 인터뷰하는 시점은 그가 하나님의 부름을 받기 한 달 전으로 잡았다. 175년의 인생을 살았으니 한 위대한 인물의 일대기를 다 살펴볼 수 있으리라 기대했다. 미국의 교육심리학자 에릭슨(E. Erikson)의 인생 발달 8단계에서 마지막 단계는 '절망 vs. 통합'인데, 이 시기의 아브라함은 완벽한 통합을 이룬 상태였을 것이다. 한국 사람들이 쓰는 표현 중에 "죽어도 여한이 없다"라는 말은 통합을 이룬 사람만이 할 수 있는 말이다. 완전한 통합을 이룬 아브라함과의 인터뷰는 앞으로의 인생을 어떻게 살아야 할지에 대한 지혜를 제공해 줄 것이다. 175년 인생 내공에 믿음의 조상이니까.

개인적 호기심도 더해졌다. 내가 아브라함을 인터뷰하고 싶었던 것은 상담심리학을 공부하고 본 아브라함이 너무도 인간적이었기 때문이다. 묘한 것은, 아브라함만 인간적이 아니라 하나님도 너무도 인간적이라는 사실이다. 아이러니하게도 하나님이 인간적이라는 느낌이 클수록 하나님의 신적 권위, 그분의 위대하심, 그분의 사랑, 그분의 깊고 넓으심이 오히려 더 크게 다가왔다. 그리고 먼발치의 하나님이 아니라 내 어깨를 토닥토닥 하시는 하나님, 마주앉아 차 마시면서 도란도란 이야기를 나누는 하나님으로 느껴졌다. 아마 그런 하나님을 제대로 만난다면 앞으로는 결정장애자로 살 이유가 없을 것 같았다.

아브라함이 살고 있는 집은 아주 쾌적했다. 가나안 땅은 사막성 기후라 햇볕이 드는 쪽은 50도를 웃도는 더위에 작열하는 태양이 내리쬐고 있었다. 그래도 습도가 거의 없어 그늘에만 들어가면 에어컨을 켜 놓은 공간처럼 시원했다. 게다가 아브라함의 집 근처엔 상수리나무가 많아 다른 지역보다 그늘도 많고 공기도 좋았다. 한국의 장마철에 느끼는 후텁지근하면서 끈적거리는 공기와 비교되었다. 아브라함을 만나는 공간도 아주 시원하고 쾌적했다.

"21세기, 한국이란 나라에서 온 이병준 목사라고 합니다. 만나 뵙게 되어 반갑습니다. 영광입니다. 올해 연세가 175세이시죠?"

"나도 반갑네. 자네가 알다시피 올해 175세라네."

아브라함에게 나를 먼저 소개하였다. 50대 중반이며, 한국에서 가정 사역을 하는 전문사역자라고 소개하였다. 심리상담학을 전공하여 가정 사역과 상담을 전문적으로 연구하고 실행하여 교회를 돕는 사역(para-church)을 하고 있다고 하였다.

우선은 어리둥절해 하는 아브라함에게 이 만남에 대해서 설명해야 했다. 내가 아는 지리와 지구과학의 지식을 죄다 동원했다. 지구는 별 중의 하나고 지구는 태양계에 속하고 태양계는 은하계에 속하며, 은하계는 우주 속의 먼지만한 존재에 불과하다는 천문학 지식도 동원했다. 지구는 오대양 육대주로 나뉘어 있으며 아브라함이 살고 있는 지역이 오늘날 이스라엘이 살고 있는 지역이라는 정보도 주었다. 그리고 부가적으로 인류의 역사를 이야기하였다.

그는 세상이 아주 넓다는 것, 다양한 사람들이 있다는 것에 놀라고 인구가 80억 가까이 된다는 것에도 적잖이 놀라는 모습이었다. 게다가 상상력을 동원해서 자신과 만나러 왔다는 나의 발상에 대해 많이 놀랐다. 그러면서도 한편으론 아주 많이 반기는 표정이었다. 아마 자신이 살아온 인생 이야기를 누군가에게는 하고 싶었으리라.

아브라함의 손님 대접은 극진했다. 고대 근동 지역에선 누구나 손님을 극진히 대접했는데 이것은 그들의 몸에 밴 태도였다. 아브라함 역시 지나가는 하나님의 사자를 집으로 모셔 극진히 대접한 덕분에 소돔과 고모라를 멸하러 가는 하나님의 계획까지 듣는 행운을 얻었다. 거기서 얻은 정보로 조카 롯을 중보할 수 있었고, 결과적으로 소돔이 멸망할 때 롯이 구출을 받도록 하였다.

팔레스타인 지방에는 이런 풍습이 그대로 남아 있어 유목 민족 베두인족은 지금도 손님 대접이 아주 극진하다고 한다. 특히나 복

중의 복이라는 출산이 있는 경우는 손님이 가져온 복이라는 생각이 있기 때문에 양이 새끼를 낳아도 손님은 그 집에 며칠씩 머물며 주인이 베푸는 호의를 받아야 한다는 얘기도 있다. 이때 주인의 호의를 거절하는 손님은 화를 당할 수도 있었다. 손님을 극진히 대접하는 문화는 손님이 일종의 정보통이라는 생각 때문이었을 것이다. 즉 교통과 통신이 없던 그 시대는 자기가 사는 세상 밖의 다른 세상과 단절되어 있었기에 다른 세상의 소식을 들을 기회가 없었다. 그럴 때 손님은 다른 세상에 대한 정보를 전해 주는 통로였다.

그리고 무엇보다 자기의 후손들이 마침내 큰 민족을 이루었다는 이야기를 전해 줄 때 아브라함의 눈이 빛났다. 나는 아브라함 이전 아담과 하와의 이야기와 가인과 아벨의 이야기, 노아의 홍수에 대한 이야기도 했는데 아브라함도 익히 알고 있었다. 아브라함과 이삭과 야곱으로 시작되어 이스라엘의 열두 지파가 형성된 이야기며, 애굽에서 400년 넘게 종살이를 했던 역사와 모세라는 지도자를 통해서 출애굽한 여정까지도 알려 주었다. 그리고 모세 이후 여호수아와 사사 시대, 열왕들, 분열 왕국 유다와 이스라엘의 이야기, 이후 멸망과 디아스포라에 대한 이야기 등 구약시대의 이스라엘 역사에 대한 개관을 설명해 주었다.

예수님의 탄생으로 시작된 신약시대와 전 세계로 전파된 복음에 대한 이야기, 그리하여 극동 아시아의 한국이란 나라에도 복음이 전해졌다는 것까지 꽤 긴 설명을 해야 했다. 아브라함은 진지하게 들으며 고개를 끄덕이곤 했다.

"자네 말을 듣고 보니 하나님이 나를 열국의 아비로 만들어 주겠다고 하신 말씀이 완전히 이해가 되네."

"맞습니다. 아브라함 님은 열국의 아버지이지요. 저는 혈통적으로는 유대인이 아니지만 영적으로는 아브라함 님의 후손이니까요."

내 이야기를 듣는 동안 그는 들릴락 말락한 긴 탄식이 섞인 한숨을 쉬면서 혼잣말을 되뇌었다. 체념과 절망의 한숨이 아니라 무언가를 깊이 깨달았을 때 내뱉는 소리였다. 아마 하나님의 섭리를 깨닫는 데서 오는 감탄이었을 것이다. 그가 그렇게 되뇌는 소리를 자세히 귀 기울여 들어보니 이렇게 말하고 있었다.

"하나님, 감사합니다."

아브라함은 자신의 이름이 몇 천 년이 지난 21세기에도 회자되고 있다는 점, 자신과 후손들의 이야기가 성경으로 기록되어 자신이 언제나 믿음의 조상이라는 영광스런 존재로 묘사되고 있다는 이야기에 감동했다. 아마도 아브람을 아브라함으로 개명하신 하나님의 뜻을 제대로 이해하고 있는 모양이었다. 아브라함은 부르실 때의 말씀 그대로 밤하늘의 별, 바닷가의 모래알처럼 많은 후손을 둔 열국의 아버지가 되었다는 것을 인터뷰를 통해 제대로 확인할 수 있었으니 얼마나 감격스러웠을까?

아브라함의 인상은 참 맑고 평안했다. 내가 지금껏 보았던 어떤 노인의 얼굴에서도 보지 못한 표정이었다. 175세의 노인이니 백발에 주름진 얼굴은 당연했지만 그 백발과 주름이 그토록 조화롭고 아름다운 노인은 본 적이 없었다. 신기하게도 그의 얼굴은 마치 바닷가에서 모래성을 막 완성한 어린아이의 표정으로 빛나고 있었다. 하지 못한 일에 대한 후회와 아쉬움으로 가득 찬 얼굴이 아니라 자신이 할 일을 다 마친 후의 만족과 기쁨으로 빛나고 있었다. 또한 그의 얼굴엔 설렘이 담겨 있었는데 마치 소풍 가기 전날 밤 잔뜩 들뜬

아이 같았다. 곧 하나님의 부르심을 받을 날이 다가오고 있음을 온 맘으로 받아들이며 자신의 일생과 떼려야 뗄 수 없었던 하나님을 대면하여 볼 수 있다는 기대로 흥분된 듯했다.

> 2부

# 아브라함을 부르신
# 필연적 이유

하나님께서 무슨 일을 하실 때는 반드시 목적이 있다. 세상 모든 것을 창조하시고 맨 마지막에 인간을 창조하신 것은 인간으로 하여금 에덴동산의 모든 것을 누리도록 하기 위함이셨다. 즉 인간은 풍족함을 누리는 주체였고 동시에 하나님께서 주신 권위를 부여받은 존재로 애초에 행복하게 창조되었다. 다만, 그 무엇도 부족하지 않았는데 스스로 부족하다 여긴 까닭에 받았던 모든 권리를 박탈당했고 누림의 장소인 에덴에서 쫓겨났다. 또한 평생 행복을 갈구하는 존재로 전락하고 말았다. 그래서 아이러니하게도 행복을 추구하는 사람치고 행복한 사람은 별로 없다. 정작 행복한 사람은 억지로 행복을 추구하지 않는다.

그렇다면 하나님은 왜 아브라함을 부르셨을까? 아브라함을 부르셔야만 했던 이유는 무엇이었을까?

**인터뷰 1.**

# 왜 하나님은
# 아브라함을 부르셨나?

● "여호와께서 아브람에게 이르시되 너는 너의 고향과 친척과 아버지의 집을 떠나 내가 네게 보여 줄 땅으로 가라" **창 12:1**

"왜 하나님은 갈대아 우르에서 아브라함 님을 부르셨을까요?"
나는 가장 원초적인 질문으로 첫 인터뷰를 시작했다.
"나도 처음에는 숱하게 생각했다네. 왜 거기에서 나를 부르셨는지. 처음엔 답을 찾을 수 없었어. 물론 지금은 그분의 의도가 무엇이었던가를 충분히 알고 감사하고 있지만 말이야."
"지금은 아신다니 말씀해 주십시오. 무슨 이유였죠?"
"일차적으론 나를 구출해 내신 거였어. 내가 살던 갈대아 우르는 온통 우상 천지였거든. 우르 자체가 달신을 섬기는 곳이었고 온 사방에는 지구라트라는 계단식 신전이 있었는데 저마다의 신을 섬기는 곳이었다네. 내가 계속 거기서 살았다면 나도 그 신들 중 하나를 섬기느라 하나님의 존재 자체도 몰랐겠지."

"잡신이 아니라 유일하신 분, 전능하신 분, 모든 신들 위에 뛰어나신 분, 한 분 하나님을 섬기도록 구출해 주셨다는 말이군요."

"그럼. 진짜 갈대아 우르엔 신이 너무 많았어. 나는 그것을 보면서 '저렇게 신이 많다면 참신이란 없는 것 아닐까?' 하는 의문을 품었다네. 동시에 진정한 신은 한 분이며 전지전능해야 한다고 생각했지."

"아! 그럼, 바로 그때 하나님께서 아브라함 님을 부르셨다는 말이네요. 하나님이야말로 내가 찾던 바로 그분이구나 하는 생각이 들었겠다 싶은데요?"

"그렇지. 그 부르심엔 엄청난 위엄이 있어서 감히 거부할 생각조차 할 수 없었다네. 게다가 사실, 나는 갈대아 우르가 원래 고향이 아니었어. 나의 조상은 셈족인데, 자네가 알다시피 셈과 함과 야벳 삼형제는 노아의 후손이지 않은가. 나는 노아의 10대손이라네. 노아라는 인물은 평생에 하나님과 동행했던 사람이었고 말이야. 나의 직접적인 조상 노아 할아버지가 섬겼던 하나님이 나를 부르신다고 느꼈을 때는 나를 다시 찾아 주신 것 같아 주저할 이유가 없었어. 더구나 잡신이 아니라 참신인 그분이 부르시니 더 기쁘고 반가웠지."

"절묘한 타이밍에 오묘한 섭리네요."

"그럼. 그렇고 말고. 그분은 내 평생 기막힌 시간에 역사하셨거든. 어쩜 그리 정확하고 어쩜 그렇게 때를 잘 맞추시는지 몰라."

"그나저나 아브라함 님도 할아버지인데 노아 할아버지라 하시니 느낌이 이상하네요. 하하."

"그런가? 사실 노아와 홍수에 대한 이야기는 갈대아 우르 지방에선 다 알고 있는 이야기야. 전설인 줄로만 알았는데 하나님이 나에게 나타나셔서 이곳을 떠나 그분이 지시하는 땅으로 가라고 하셨을 때에야 실제 역사였다는 것을 확신했다네. 참 많이 놀랐지. 사실, 나는 그분과 연결되어 살아온 사람은 아니었거든. 오히려 우상을 섬기는 사람이었다고 할 수 있지. 갈대아 우르는 온갖 잡신을 섬기는 곳이었다고 했잖은가? 누구나 자신만의 신을 섬길 수 있는 곳이었어. 그래서 각종 신상을 만들어 파는 일은 꽤 쏠쏠한 수입을 가져다주었다네. 손재주가 좋았던 내 아버지 데라는 바로 그 우상을 만들어 파는 것으로 먹고사는 사람이었어. 우리의 가업이 될 수도 있었고, 나도 그분의 부름을 받지 않았다면 아마 아버지의 뒤를 이어 각종 우상 만드는 일을 하며 살다 죽었겠지."

아브라함의 말을 들으면서 나도 신기했다. 21세기에 한국에도 영적 아브라함의 자손이 많다는 것이 신기했다. 수많은 사람들 중에 복음을 듣고 하나님의 자녀가 되었다는 것 자체가 신비다. 나 역시 하나님과 아무런 상관없는 존재였는데 그분의 섭리로 선택받은 존재가 되었다.

나는 경남 함양군 안의면 신안리라는 시골에서 태어났다. 그 지역은 지금도 그렇지만 교회라는 곳이 희귀했다. 신앙인으로 산다는 것이 아주 특별한 경우인 지역이었다. 기독교와는 아무런 상관이 없는 집안, 그렇다고 불교를 섬기거나 다른 신을 섬기는 집안은 아니었지만 대대로 이어오는 가문의 전통에 따라 조상을 섬기는 여느 가정과 동일했다. 하나님의 부르심은 인간 편에서 뭐라 말할 수 있는 것이 없다. 그건 그분의 일방적 선택이요 섭리다.

하긴, 인간의 창조 자체가 그분의 일방적 선택이었다. 최초의 인간인 아담에게조차 자신의 탄생에 대한 어떤 결정권도 주어지지 않았다. 그저 흙으로 빚은 육체에 하나님이 생령(living spirit)을 불어넣으심으로 살아 있는 존재가 되었기에 하나님에 의해 피투된 존재였다. 하나님을 창조주로 인정하고 그분의 절대적 주권을 인정한다면 나는 세상에 태어난 이유에 대해서 물을 권리가 없다. 내가 세상에 태어난 이유를 묻는다면, 그 말의 전제는 하나님과 자신이 동일한 위치에 있다는 신성모독의 행위가 된다. 다만 '왜?'라는 물음 대신 '어떻게?'라는 물음은 얼마든지 던질 수 있다.

"갈대아 우르는 세계 4대 문명의 발상지에 해당하는 지역으로 그 당시 세상에서 가장 발달된 곳입니다. 거기서 아브라함 님을 부르신 것은 일종의 엑소더스라는 말씀이 이해가 되네요. 아마 거기에서 계속 살았다면 틀림없이 그 문화에 동화되었을 테니까요. 그랬다면 하나님께 선택받은 자로서의 삶은 더 이상 존재하지 않는 것이지요."

"듣고 보니 그러네. 그랬다면 나는 하나님과 무관한 존재였을 테고 영생이나 선택받은 백성이라는 특권을 받지 못했겠지."

하나님이 아브라함을 부르신 이유는 무엇일까에 관한 대화를 나누면서 아브라함과 나는 창세기 11장까지의 역사를 서로 이야기했다. 아브라함도 익히 알고 있어서 대화가 수월하게 진행되었다.

아브라함 이전의 인간 창조는 실패로 귀결되었다. 모든 피조물은 완벽했는데 인간만은 지극히 자기중심적이고 하나님을 거역하는 존재였다. 하나님을 모시기는커녕 마음에 두기를 근원적으로 싫어했다. 이것은 아담과 하와의 시험, 가인의 살인 사건, 노아의 홍수에 이어 시날 평지의 바벨탑 사건에 이르러 정점을 드러냈다. 신약성경 로마서 1장에서 사도 바울은 이 점을 분명히 꼬집어 말하고 있다. 그는 인간의 본성(human nature)을 열거하면서 성령을 통해서 거룩한 본성(divine nature)으로 바뀌어야 한다고 강조하였다.

> "또한 그들이 마음에 하나님 두기를 싫어하매 하나님께서 그들을 그 상실한 마음대로 내버려 두사 합당하지 못한 일을 하게 하셨으니 곧 모든 불의, 추악, 탐욕, 악의가 가득한 자요 시기, 살인, 분쟁, 사기, 악독이 가득한 자요 수군수군하는 자요 비방하는 자요 하나님께서 미워하시는 자요 능욕하는 자요 교만한 자요 자랑하는 자요 악을 도모하는 자요 부모를 거역하는 자요 우매한 자요 배약하는 자요 무정한 자요 무자비한 자라 그들이 이같은 일을 행하는 자는 사형에 해당한다고 하나님께서 정하심을 알고도 자기들만 행할 뿐 아니라 또한 그런 일을 행하는 자들을 옳다 하느니라" 롬 1:28-32

하나님 입장에선 선택의 기로에 설 수밖에 없었다. 오래된 집을 새롭게 만들려면 기존의 뼈대를 남기고 리모델링을 할지 아니면 아예 전체를 갈아엎은 후 신축을 할지 결정해야 한다. 건축업자들은 리모델링보다 새로 짓는 편이 훨씬 낫다고 한다. 하나님 입장에서도 기존의 인간들을 변화시키기보다는 새로운 족속을 만드는 편이 훨씬 나았을 것이다. 이미 노아의 홍수를 통한 1차 리모델링은 실패로 끝났다. 출애굽기에는 통째로 갈아엎고 신축을 하려는 하나님의 모습이 보인다. 불순종이 일상인 백성들, 걸핏하면 하나님을 거역하는 이스라엘 백성들에게 넌더리가 난 하나님은 이렇게 말씀하신다.

"여호와께서 모세에게 이르시되 이 백성이 어느 때까지 나를 멸시하겠느냐 내가 그들 중에 많은 이적을 행하였으나 어느 때까지 나를 믿지 않겠느냐 내가 전염병으로 그들을 쳐서 멸하고 네게 그들보다 크고 강한 나라를 이루게 하리라" 민 14:11-12

물론, 중재자로 나선 모세가 하나님이 생각을 바꾸시도록 기도한다. 모세의 중보가 없었다면 이스라엘 백성은 진작 멸망했을 것이다.

하나님 입장에선 새로운 백성이 필요했다. 인간 중심이 아니라 하나님 중심으로 사는 선민(選民)을 만드실 이유가 분명히 있었다. 그 첫 시작이 아브라함을 선택하신 것이다. 하나님으로서는 두 번째 창조였다. 토기장이가 그릇을 빚다가 원하는 모양으로 성형이 안 될 때 흙을 다시 뭉갠 후 처음부터 새로이 빚는 것과 같았다. 아브라함 또한 그런 하나님의 마음을 충분히 알고 있었다. 그래서 내가 굳이 질문을 던지거나 결론을 지을 필요가 없었다.

"그러니까, 나는 두 번째 창조의 첫 인물로 부름을 받은 것이지. 자기 뜻대로 사는 인간 말고 하나님의 뜻대로 사는 인간의 계보를 시작할 첫 사람인 거야."

"맞습니다. 그래서 믿음의 조상이지요. 불순종의 사람이 아니라 절대순종의 사람으로 말입니다."

고개를 끄덕이던 아브라함은 잠시 말을 멈추고 생각에 잠겼다. 그리고 내 귀에 들리도록 말한 것인지 혼잣말이었는지 모를 정도로 긴 한숨과 함께 말을 내뱉었다.

"그렇지만 사실 나는 정말이지 아무것도 한 게 없어. 믿음의 조상다운 면모를 가졌다곤 말할 수 없다네. 돌이켜 보면 부끄러울 뿐이니, 그저 그분의 인도하심이었고 은혜였을 뿐이야."

나는 아브라함의 말을 들으면서 요즘 불리는 CCM '은혜'라는 노래를 조용히 불렀다. 아브라함도 노래를 들으면서 조용히 고개를 끄덕였다. 그리고 소리도 없이 눈물을 훔쳐내고 있었다.

내가 누려 왔던 모든 것들이 내가 지나왔던 모든 시간이
내가 걸어왔던 모든 순간이 당연한 것 아니라 은혜였소
아침 해가 뜨고 저녁의 노을 봄의 꽃향기와 가을의 열매
변하는 계절의 모든 순간이 당연한 것 아니라 은혜였소
후렴) 모든 것이 은혜 은혜 은혜 한없는 은혜
내 삶에 당연한 건 하나도 없었던 것을 모든 것이 은혜 은혜였소

내가 이 땅에 태어나 사는 것 어린아이 시절과 지금까지
숨을 쉬며 살며 꿈을 꾸는 삶 당연한 것 아니라 은혜였소.
내가 하나님의 자녀로 살며 오늘 찬양하고 예배하는 삶
복음을 전할 수 있는 축복이 당연한 것 아니라 은혜였소
후렴) 모든 것이 은혜 은혜 은혜 한없는 은혜
내 삶에 당연한 건 하나도 없었던 것을 모든 것이 은혜 은혜였소

### 인터뷰 2.
# 왜 아브라함의 부름이
# 제2의 창조인가?

● "아브라함 님의 선택이 하나님의 재건축이라면, 최초의 인류 아담과 하와 이야기부터 해야겠지요?"

"인류의 시조가 왜 실패자였는지를 살펴보잔 것인가?"

"그렇죠. 그렇지 않으면 하나님께서 아브라함 님을 통한 제2의 창조를 할 이유가 없으니까요."

홍수가 끝난 후에 하나님은 다시는 홍수로 멸하지 않으리라 결심하신다. 수십 번 홍수로 또 멸하신다 해도 인간은 또 망각하는 어리석은 존재임을 간파하셨던 것이다.

"노아가 여호와께 제단을 쌓고 모든 정결한 짐승과 모든 정결한 새 중에서 제물을 취하여 번제로 제단에 드렸더니 여호와께서 그 향기를 받으시고 그 중심에 이르시되 내가 다시는 사람으로 말미암아 땅을 저주하지 아니하리니 이는 사람의 마음이 계획하는 바가 어려서부터 악

2부 아브라함을 부르신 필연적 이유

함이라 내가 전에 행한 것같이 모든 생물을 다시 멸하지 아니하리니 땅이 있을 동안에는 심음과 거둠과 추위와 더위와 여름과 겨울과 낮과 밤이 쉬지 아니하리라" **창 8:20-22**

인간은 어려움을 겪을 때나 재난과 환난을 당할 때는 잘못했다고 울고불고 난리를 치지만 그 시간이 지나고 나면 금세 잊어버리는 망각의 동물이다. 누구나 실수할 수 있다. 그 실수를 통해 반성하고 더 나은 삶을 추구하는 사람은 지혜자지만 같은 실수를 계속 반복하면 우매자다. 그런데 많은 사람들이 후자에 속한다. 성경은 잠언을 통해 이런 인간의 속성을 적나라하게 지적한다.

"개가 그 토한 것을 도로 먹는 것같이 미련한 자는 그 미련한 것을 거듭 행하느니라" **잠 26:11**

이 세상이 끝나는 날까지 인간 세상은 둘로 나뉘어 있을 것이다. 스스로 자기 인생의 주인공이 된 족속과 하나님의 말씀에 맞춰 사는 택한 백성이다. 전자는 르네상스 이후 인간의 이성을 중심으로 첨단 과학 문명을 이뤄낸 인간들의 계보이다. 이들의 세상은 다분히 물질 중심이라 정신적이고 영적인 부분을 도외시한다. 첨단 과학 문명은 편리와 안락, 쾌락을 가져오긴 했지만 실존적인 행복을 안겨주진 못했다. 후자는 하나님의 말씀을 바탕으로 삶의 의미와 가치를 추구하며 사는 영적·실존적 인간이다. 그런 삶을 먼저 선택한 이들에게 물질적 풍요는 자동으로 주어지는 부산물이다.

고등 종교는 인간이 신에게 초점을 맞춘다. 신의 뜻에 자발적인 복종을 선택하면 도리어 실존적 행복을 안겨 준다. 인간은 근원적으로 영적이요 실존적 존재라 아무리 물질적으로 풍요로워도 정신적으로 가난하면 그의 삶은 공허할 수밖에 없다. 사탄은 늘 물질세계를 동원해서 영적인 삶을 추구하는 사람들을 핍박했다. 그리고 영적인 삶을 추구하지 못하도록 편리와 안락의 늪에 빠져 영적인 분야 자체에 무관심하도록 하였다. 심지어는 "네가 곧 신이다"라는 관점까지 주입시켰다. 자신이 신이므로 신의 도움이나 신의 뜻을 찾을 이유가 없게 된다. 한때 열풍을 일으켰던 《시크릿》이란 책이나 최근 유발 하라리의 책 《호모 데우스》는 그런 생각을 그대로 담고 있다.

심판은 신의 권한이다. 그런데 신이 된 현대인들은 저마다 남과 세상, 자신을 판단하고 단죄한다. 이 관점으로 보면 우울증이나 자해, 자살은 스스로 자신을 심판한 결과이거나 남들이 자기를 어떻게 판단할까를 염려하는 것에 대한 결과다. 있는 그대로의 자신을 받아들이고 남의 판단, 남의 시선 정도를 무시할 마음의 힘을 가진 사람은 우울증에 걸리지 않는다.

최근에 일본의 철학자 기시미 이치로·고가 후미타케가 쓴 《미움받을 용기》라는 책이 많은 이들에게 용기를 주었다. "인간은 변할 수 있고, 누구나 행복해질 수 있다. 단, 그러기 위해서는 용기가 필요하다"라고 말한 알프레드 아들러의 심리학을 바탕으로 쓴 책이다. 온통 프로이트의 인과론으로 도배가 된 심리학에 아들러의 목적론이 재조명되는 것은 아주 반가운 일이다.

첫 인류는 완전히 실패했다. 오늘날 약 80억의 인간이 살고 있지만 인간 스스로가 주인이 되었다면 그 인생은 온전한 인생이 아니다. 인생은 하나님을 만나야만 채워지는 마음의 빈자리가 있기에 신이 필요하지 않은 사람은 아무도 없다. 그러기에 엄밀히 말해서 이 세상에 무신론자는 없다. 다만 인간이 스스로의 능력을 믿으면서 신이 필요하지 않다고 자만하거나 지식이나 부와 권력, 명예와 지위 같은 다른 형태의 신을 섬기고 있을 뿐이다.

인간의 실패는 첫 사람 아담의 자식들에게서 형이 동생을 죽이는 패륜으로 드러난다. 형 가인은 자기중심적인 인간, 절대로 듣지도 묻지도 않는 사람의 전형이다. 그래도 가인의 후손들은 문명의 창시자들로서 유능한 족속이었다. 그 덕에 더더욱 자기 능력만을 믿고 사는 사람들이 되었다. 야발은 가축을 치는 자의 조상, 즉 목축업의 조상이었고, 그 아우 유발은 수금과 퉁소를 잡는 자의 조상, 즉 음악가의 시조가 되었다. 씰라가 낳은 두발가인은 구리와 쇠로 여러 가지 기구를 만드는 자, 즉 대장장이의 조상이 되었다. 두발가인의 누이 나아마의 이름도 언급되어 있는데 이것은 그녀가 현모양처 스타일의 순종적인 여성이 아니라 당대에 아주 유명한 여걸이었다는 뜻이다.

자기중심적인 사람에게 유능함이 더해지면 오만방자함이 하늘을 찌른다. 안하무인의 태도는 기본이요 하나님의 말씀을 경멸한다. 몰인정하고 잔인하다. 이것은 라멕에 이르러 절정을 보인다. 라멕은 인류 최초의 중혼자로 일부일처제를 파괴한 장본인이다. 하나님이 정하신 법마저 자기 임의대로 해석하고 바꾸는 오만한 인간의 표본이다. 라멕의 찬가다.

"라멕이 아내들에게 이르되 아다와 씰라여 내 목소리를 들으라 라멕의 아내들이여 내 말을 들으라 나의 상처로 말미암아 내가 사람을 죽였고 나의 상함으로 말미암아 소년을 죽였도다 가인을 위하여는 벌이 칠 배일진대 라멕을 위하여는 벌이 칠십칠 배이리로다 하였더라"
**창 4:23-24**

라멕은 하나님마저도 우습게 여기고 심판자가 된 자신을 자랑하고 있다. 요즘말로 각색해 보자. 라멕이 길을 가는데 초등학생 하나가 그의 발을 밟고 지나갔다. 이에 라멕은 그 초등학생을 따라가서 가차 없이 죽여 버렸다. 작은 실수를 용납하지 못하고 죽음으로 처리하는 과도한 응징이다. 잘못이나 죄책감 같은 것은 전무하고 되레 자신의 행위를 정당화하고 자랑하고 있다. 라멕은 사이코패스의 원조다.

오늘날 세상에서는 현대판 라멕을 주변 어디서나 볼 수 있을 만큼 그 수가 많다는 점이 안타깝다. 이에 하나님은 홍수를 통해 기존의 인류를 쓸어 버리고 노아의 후손으로 경건한 백성들을 다시 형성하려 하셨다. 그러나 안타깝게도 홍수 이후 번성하기 시작한 노아의 후손들 역시 또 다시 자기중심적인 속성을 드러내며 여전히 하나님을 거역했다. 그들은 나중에 바벨론 왕국이 세워진 장소인 시날 평지에 모여 흩어짐을 면하자며 성읍과 탑을 쌓는다. 그것이 바벨탑인데 하나님에 대한 정면 도전이었다.

"서로 말하되 자, 벽돌을 만들어 견고히 굽자 하고 이에 벽돌로 돌을 대신하며 역청으로 진흙을 대신하고 또 말하되 자, 성읍과 탑을 건설하여 그 탑 꼭대기를 하늘에 닿게 하여 우리 이름을 내고 온 지면에 흩어짐을 면하자 하였더니" **창 11:3-4**

**2부** 아브라함을 부르신 필연적 이유

자신들의 이름을 내고 흩어짐을 면하자는 말은, 자기끼리의 세상에서 자기들만이 주인이 되겠다는 발상이다. 현대인의 바벨탑은 첨단 과학 문명이다. 제도화된 교육에서는 인간이 주인이라고 가르친다. 그래서 요즘 아이들은 문명화는 되었지만 문화화는 못 되어 정신적 영양실조에 걸렸다. 정신적 영양실조는 행복을 느끼는 센서(sensor)를 갖지 못하게 만들어, 행복의 조건을 다 갖추었음에도 정작 당사자는 행복을 느끼지 못한다. 이 때문에 남의 아픔을 보아도 공감하지 못하는 냉소주의자가 되었고, 성장할수록 점점 더 강퍅해지고 메말라 간다.

이것이 최근 우울증, 조현병(정신분열증), 공황장애, ADHD 같은 각종 정신병리 현상이 더 많아진 이유다. 문명이 편리와 안락을 제공해 주긴 하지만 행복을 제공하진 못한다는 것을 목격했음에도 많은 이들은 여전히 첨단 문명이 행복을 가져다준다는 착각에서 벗어나지 못하고 있는데 그건 자본주의가 끊임없이 세뇌시키고 있어서다. 그래서 문명화된 곳에 사는 사람들일수록 첨단 과학과 돈을 통한 편리와 안락, 개인의 쾌락 추구가 행복의 전부라 착각하고 산다.

**인터뷰 3.**

# 왜 하나님은 선악과라는 안전장치를 만드셨나?

● 하나님은 애초부터 안전장치를 마련하셨다. 에덴동산의 맨 가운데 있는 선악을 알게 하는 나무였다.

"혹 선악과에 대한 이야기를 들은 적 있으신지요?"

"알다마다."

"에덴동산이 지리적으로 어디였느냐 하는 논란은 아직까지도 이어지고 있긴 합니다. 웃기는 이야기 하나 할까 합니다. 에덴동산은 절대로 한국일 수는 없답니다."

"한국이라면 자네가 태어난 나라 말인가? 그 이유가 뭔가?"

"첫째는 뱀이 나타나면 한국 여자는 그 뱀을 잡아 끓인 뱀탕으로 남편 보양식을 만들었을 것이구요, 둘째는 한국 남자는 절대 여자 말을 안 듣기 때문에 하와가 선악과를 먹으라고 해도 절대 안 먹었을 거랍니다."

"하하하. 그것 재미있군."

나는 아브라함과 한바탕 웃었다. 그리고 인터뷰를 이어 갔다.

"그렇다면 하나님은 왜 선악과를 만드셨을까요? 애초부터 선악과를 만들지 않았다면 아담과 하와가 범죄에 빠질 일도 없었을 텐데 말이죠."

"자네는 어떻게 생각하는가?"

아브라함이 내게 되물었다. 이미 답을 알고 있으면서 물었다는 것을 간파했다.

"저는 신학교 다닐 때, 그것이 자유의지에 해당한다고 배웠습니다. 먹을 수도 있고 안 먹을 수도 있는 것은 오로지 인간의 선택이라고 말이죠. 솔직히 가슴에 와닿지는 않았어요. 말뜻은 이해하지만 납득이 될 만한 이론은 아니니까요."

"자유의지라…꽤 괜찮은 표현이네. 자유의지를 주셨다는 것은 선택의 주체가 되라는 의도셨겠지."

"그렇다면 인간은 애초에 결정장애자가 아니었단 말이지요."

최초의 인간에게 자유의지를 주신 것은 선택의 주체로 살되 늘 현명한 선택을 하라는 의미였다. 어차피 인생은 연속된 선택의 결과이다. 이에 실존주의 철학자 사르트르는 이렇게 말했다. "인생은 B(birth)와 D(death) 사이의 C(choice)다." 또 지금 LG의 전신이었던 금성전자의 광고 카피로 유명한 "순간의 선택이 10년을 좌우한다"라는 말도 있다. 여기서 좀 더 나아가 결혼은 "순간의 선택이 평생을 좌우한다"에, 신앙은 "순간의 선택이 영원을 좌우한다"에 해당한다.

이번엔 아브라함이 먼저 질문을 했다. 이젠 자기가 이야기의 주도권을 잡겠다는 뜻으로 해석했다.

"그런데, 선악과의 위치가 어디였는지 아는가?"

"에덴동산의 맨 중앙이었습니다."

"그렇다면 선악과의 나무 크기는 어느 정도였을까?"

"나무의 크기? 오! 거기까진 생각 안 해 보았네요."

"동산의 중앙에 두었다는 말은 어디에서 보더라도 항상 눈에 띄는 장소라는 의미이지 않은가? 이 말로 유추해 보면 선악과는 꽤 큰 나무였을 거야. 관목이었다면 눈에 띄지 않았겠지."

"아! 정말 그렇군요. 워낙 큰 나무니까 낮엔 어디서든 보일 테고, 밤엔 실루엣으로 알 수 있었겠네요."

나는 아브라함의 설명에 탄복했다. 그저 막연히 성경 구절을 읽었지 위치나 크기에 대해선 구체적으로 생각해 보지 않았다.

"그런데 말이야. 흥미로운 질문 하나 해 볼까? 하와가 뱀의 유혹을 받고 있었을 때 아담은 뭘 하고 있었을까?"

"그 부분도 신대원 다닐 때 들은 적 있습니다. 멀리 숨어서 하와가 어떻게 하나 관망하고 있었겠지요. 자기가 직접 유혹을 받은 것이 아니니 책임을 떠넘길 수 있었으니까요. 좀 비겁했죠."

"맞네. 그래서 하나님의 추궁은 역순이지. 첫 유혹자는 뱀이고 유혹을 당한 사람은 하와, 하와는 아담에게 선악과를 주었으니 순서대로 뱀을 추궁하고 하와를 추궁하고 맨 나중에 아담을 추궁해야 하는데, 하나님은 아담부터 추궁하셨어."

나는 아브라함과 이야기를 나누면서 아담 또한 심각한 결정장애자였다는 것을 새삼 깨달았다. 아브라함의 질문처럼 하와가 뱀의 유혹을 받을 때 아담은 뭘 하고 있었을까? 아담은 어떤 태도를 보여야 했나? 왜 아담은 미온적 대처를 했을까?

나는 가끔 부부 세미나 때 이 이야기를 가지고 질문을 하곤 한다. 객관식으로 문제를 내 준다. ① 낮잠을 자고 있었다. ② 일을 하느라 너무 바빴다—동물들의 이름을 붙이는 일을 해야 했다. ③ 나무 뒤에 숨어서 어떻게 되나 관망하고 있었다. 대개 ②번이라고 답한다. 한국 남자들은 결혼하고 나서도 그저 주구장창 일만 하다 청춘 다 보내고 나중에 그다지 쓸모 없는 늙은이 취급을 받으니 그럴 만하다. 정답은 ③번이다.

아담은 하와가 뱀의 유혹을 받는 장면을 몰래 지켜보고 있었던 방관자요 암묵적 동조자였다. 그때 아담이 "No!"라는 확실한 의사 표현을 했어야 한다. 그러나 결정장애자였던 아담은 그렇지 않았다. 오히려 비겁하게 숨어 핑계할 수 있는 증거물을 확보했다. 아담은 모든 잘못을 하나님과 하와에게 뒤집어씌우며(투사), 자기 잘못이라고 시인하고 책임지려는 성숙한 태도를 보이지 않았다.

그런 까닭에 아담 이후 모든 남자의 DNA 속에는 자기의 잘못을 인정하지 않는 습성이 들어 있다. 특히 시도 때도 없이 자주 화를 내거나 사소한 일에도 크게 화를 내는 남자는 더더욱 그렇다. 그래서 상담이나 부부 교육을 받자고 할 때 "난 아무 문제없어"라고 발뺌하는 쪽은 남자들이 압도적으로 많다.

만약 아담이 제대로 된 남자였다면 뱀이 하와를 유혹할 때 즉각 달려가서 하와를 호되게 야단쳐야 했고 몽둥이로 뱀을 때려잡았어야 했다. 이것이 남자의 첫 번째 매력인 '울타리 기능'이다. 남자는 아내와 자식들을 보호하는 보호자의 역할을 감당해야 한다. 남자에게 근력을 주신 것은 바로 이 기능을 감당하라는 것이다. 만약 그 기능을 외부의 적을 막는 데 쓰지 않고 가족인 아내와 자식들에게 사용한다면(가정폭력) 그는 가장 지질한 남자다.

또한 그는 다시 한 번 자신들이 하나님의 피조물이며 창조주 하나님을 섬기는 주체임을 하와에게 인식시켜야 했다. 이것이 남자의 두 번째 매력인 '주도성 기능'으로써 명확한 삶의 지침과 방향제시다. 해야 할 것은 무슨 일이 있어도 하고 하지 말아야 할 것은 무슨 위협이 있어도 하지 않는 것을 말한다. 아담은 하와에게 이렇게 말을 했어야 했다.

"하와! 정신 차려! 그분께선 그 열매를 절대로 먹지 말라고 하셨잖아. 그 열매를 먹으면 우리가 하나님처럼 된다고? 피조물인 우리가 창조주 하나님과 동일하게 되려는 발상 자체가 명백한 죄야. 내 말 알아들었어?"

"뱀은 인간의 본성을 누구보다 잘 아는 존재였다네. 그래서 아담과 하와가 절대 거부할 수 없는 달콤한 것으로 유혹을 한 거야. 그것은 '먹어도 죽지 않아'였고 '네가 선악과를 먹으면 하나님과 같아질 거야'라는 것이었어. 즉 선악과를 먹으면 눈이 밝아져 하나님과 같은 수준이 된다는 거지. 피조물인 인간이 창조주 하나님과 동등한 지위가 된다는 건 가히 거절하기 어려운 유혹이라네."

"하와도 마찬가지였겠지만 아담은 더욱 그랬다는 뜻이군요. 또 뱀은 하와를 유혹할 때 아담이 먼발치에서 관망하리라는 것도 미리 알고 있었단 거구요."

"선악과는 일종의 한계선이었던 거야. 아담과 하와는 자신들이 하나님의 피조물이라는 사실을 언제 어디서라도 확인했어야 했어. 그래서 선악과는 에덴동산의 정중앙에 큰 나무로 서 있었고, 그 나무를 볼 때마다 자신들이 피조물이라는 정체성을 확인할 수 있었지.

그렇다고 그것이 부족함이나 굴종이 아니기에 늘 감사와 행복을 느낄 수 있었을 거라네. 그렇게 아담과 하와는 인간으로서 감히 하나님의 자리를 넘볼 수 없다는 사실을 받아들이고 그분을 경배하는 것이 주어진 행복임을 늘 기억하고 있어야 했어. 한계를 인정해야만 누릴 수 있는 행복이지."

최초의 인간인 아담에게는 하나님처럼 높아지려는 본성, 자기 이름을 드러내려고 하는 본성, 그러면서도 일체의 책임은 회피하려는 본성이 들어 있었다. 간교한 뱀은 바로 그 부분을 자극했다. 유혹에 넘어간 아담과 하와는 그 때문에 낙원을 잃었다. 인간을 시험한 뱀 역시 하나님과 동등한 위치에 서려고 반역을 꾀했다가 쫓겨난 존재였다. 그러한 존재였으니 인간을 꼬드기는 방법에 대해선 달인이었을 것이다.

하나님의 추궁을 들을 때 아담이 무릎을 꿇고 "모든 것이 제 잘못입니다. 저를 벌해 주십시오. 하와는 잘못 없습니다"라고 나왔다면 어땠을까? 하나님의 심판도 좀 완화되었지 않았을까? 그런데 아담은 되레 탓을 하며 분노를 발산하였다. 아담은 자신을 시험에 빠뜨린 하와와 하와를 창조하신 하나님 탓을 하며 피해자 코스프레를 했다.

> "이르시되 누가 너의 벗었음을 네게 알렸느냐 내가 네게 먹지 말라 명한 그 나무 열매를 네가 먹었느냐 아담이 이르되 하나님이 주셔서 나와 함께 있게 하신 여자 그가 그 나무 열매를 내게 주므로 내가 먹었나이다" **창 3:11-12**

이 구절에서 아담은 어떤 잘못도 없다. '하나님이 주셔서 나와 함께 있게 하신 여자'라는 표현은 일차적으로 하나님 잘못이라는 말이다. 그의 말은 '내가 언제 여자를 보내 달라 했습니까?'라는 의미이다. "여자 그가 그 나무 열매를 내게 주므로 내가 먹었나이다." 결국 자기는 아무 잘못이 없다는 말이다. 자기의 잘못을 인정하지 못하는 사람은 결정장애자가 될 수밖에 없다. 우유부단한데다 탐욕까지 많은 성격유형의 아담은 분명하고 확실하게 선을 긋지 못했다. 이런 태도는 아내를 대할 때도 자식들을 대할 때도 늘 그랬을 것이다.

문제의 해결은 문제를 인정하는 데서 출발한다. 그래야 반성이 있고 반성이 있어야 대안을 찾을 수 있다. 일이든 관계든 마찬가지다. 예수를 믿어 구원을 받는다는 말의 전제는 '시인'이다. 자신이 죄인이라는 사실을 시인하고 자백할 때라야 구원의 은총이 임한다. 법정에서도 피고가 자신의 죄를 시인하고 용서를 구하는 태도를 보이느냐 그렇지 않느냐에 따라 형량이 달라진다. 반성의 기미가 없을 때는 죄질이 악하다며 중형을 선고한다.

구약성경 창세기에서 뱀이 아담을 유혹하는 장면과 신약성경 마태복음에서 마귀가 예수님을 시험하는 장면은 놀랍게도 똑같다. 세 가지 시험의 내용도 똑같다. 히브리서에는 창세기의 아담을 첫 번째 아담이라고 하고 마태복음의 예수님을 두 번째 아담이라고 표현한다. 첫 번째 아담의 계보를 따르는 사람은 멸망으로 가는데 이것은 아담이 실패한 데 따른 원죄를 가지고 있기 때문이다. 그런데 두 번째 아담인 예수를 따르는 사람은 구원에 이르는데 그것은 두 번째 아담인 예수님이 죄와 사망을 이기는 데 성공했기 때문이다. 예수님의 성공으로 사탄의 시험 세 가지는 이미 누출된 시험지에 해당한다. 그런데 안타깝게도 대부분의 사람들은 그 시험의 범주를 벗어나지 못한다.

**인터뷰 4.**

# 왜 형 가인은
# 동생 아벨을 죽였나?

- "가인과 아벨 이야기 아시지요?"

"물론 잘 알지."

"가인은 정말 왜 그랬을까요?"

"글쎄 말이야. 그런데 자네가 이 이야기를 꺼내는 걸 보니 뭔가 아는 눈치야. 이번엔 내가 들어야 할 차례인 것 같네. 나도 평소에 많이 궁금했던 이야기니 자네가 말해 주시게나."

"그럼, 가인이 동생 아벨을 죽인 이유가 뭐였죠?"

"하나님이 아벨의 제사는 받으셨는데 자기의 제사는 거절했기 때문이라네. 가인 입장에선 일차적으로 하나님이 나쁘고 이차적으론 원인 제공자인 아벨이 나빴던 것이지."

"정확히 보셨습니다. 살인을 유발한 것은 분노라는 감정이었습니다. 그 분노는 거절감에 의해서 발생한 것이었고요. 어쩌면 이것은 아버지 아담이 에덴동산에서 쫓겨난 일에서 시작되었을지도 모릅니다. 결과적으로 아담은 하나님으로부터 버림받음을 당했으니까요. 성격유형상 내성적이고 우유부단했던 아담은 그 분노를 겉으로 표현하는 대신 마음속에 켜켜이 쌓아 두는 쪽을 선택했을 겁니다. 분노를 속에 담아 둔 사람은 무표정과 무관심으로 드러냅니다. 그로 인해 아담은 자식을 제대로 수용하지 못하는 무관심한 아버지였을 겁니다. 받아 주는 아버지를 경험하지 못한 가인은 결국 혼자만의 생각에 빠지는 사람이 되고 만 것이고요."

"일리가 있네. 가족 간의 관계를 그렇게 설명하니 참 흥미롭고 또 신기하구먼. 앞뒤가 딱딱 맞아 떨어진다는 느낌이야. 계속해 보게."

"그런데, 가인의 분노를 유발시킨 거절감은 사실 어느 정도 일리가 있습니다. 가인과 아벨 중에 하나님께 제사를 먼저 드렸던 사람은 누구였을까요?"

"가인이었지. 아벨은 후발 주자였고. 동생이 제사를 드리기 시작하면서부터 하나님이 동생의 제사는 받고 자기 제사는 안 받으시니 속상했을 거야. 동생이 제사를 시작하고 난 후 어느 날부터 하나님이 자신의 제사를 받아 주지 않았다면 동생 때문이라고 여겼겠지."

"아벨은 자기도 양의 첫 새끼와 그 기름으로 드렸더니" 창 4:4

여기서 '자기도'라는 표현을 보면 형이 제사하는 모습을 좋게 본 아벨이 형의 제사를 벤치마킹했다는 것을 알 수 있다. 가인은 자발적으로 하나님께 제사를 드릴 만큼 꽤 괜찮은 사람이었다.

"맞습니다. 화날 만했죠. 그런데 화라는 감정 자체가 문제가 아니라 화를 처리하는 방식이 문제입니다. 가인은 감정 처리 능력이 많이 미숙했어요. '안색이 변했다'라는 표현을 보면 가인의 성격 역시 내향성에 혼자 끙끙 앓는 스타일이라는 것을 알 수 있습니다. 만약 가인이 외향성에 거침없는 스타일이었다면 동생이든 하나님이든 따지고 덤벼들면서 자신의 속마음을 표현했을 겁니다. 그랬다면 하나님께서 그 이유를 명확히 알려 주셨을 테고, 아벨도 형의 마음을 받아 주면서도 잘못된 부분에 대해선 친절하고 자세하게 알려 주었을 겁니다. 가인으로선 감정적 대처였을지라도 결과적으론 이성적 대처가 될 수 있었겠죠."

"어떻게든 표현하는 것이 정말 중요하네. 가인은 내향성이라 표현을 안 했다는 것이 가장 문제였구먼."

"맞습니다. 그래서 어떤 관계에서든 표현하는 것, 알려 주는 것만큼 큰 사랑이 없습니다. 흔히 살인 사건은 모르는 사람에 의해서 일어나기보다 아는 사람에 의해 일어나는 경우가 훨씬 더 많다고 합니다. 성격유형으로는 외향성 성격을 가진 사람보다 내향성 성격을 가진 사람들이 훨씬 더 많구요. 그러니까 내향성의 사람들은 분노가 생길 때 그것을 마음속에 담아 둡니다. 겉으로 표현하지 않으니 아무 일 없는 것처럼 보이겠죠. 그러나 화는 사라진 게 아니라 마음속에 켜켜이 쌓이고 있습니다. 그러다 더 이상 쌓을 공간이 없을 땐 마침내 폭발하는데, 그동안 쌓아 두었던 것들까지 한꺼번에 터뜨립니다. 그 공간을 '컨테이너 상자(container box)'라고 표현합니다. 분노가 외부로 폭발하면 다른 사람을 해코지하거나 물건을 부수는 폭력으로 드러납니다. 반면 내부로 터뜨리는 사람은 우울감에 빠지거나 암과 같은 질병에 걸리고요. 우울증은 분노의 내면화고, 암은 마음을 바위가 누르고 있는 모양새거든요."

"하긴, 속내를 알 수 없는 사람 대하기가 그렇지 않은 사람보다 훨씬 더 어렵지. 나도 하갈과 사라를 대할 때, 하갈은 할 말 안 할 말 거리낌 없이 하는 외향성이라 성질은 불 같아도 뒤끝은 없는데 반해 내향성에 착한 사라는 화가 나면 입을 닫아 버려서 여간 불편한 게 아니었다네. 그러다 한 번씩 폭발할 땐 무섭게 화를 내곤 했지. 평소 얌전하던 사람이 한 번 화를 내면 무섭거든. 은근히 눈치를 보게 되더라고."

"그러셨어요? 사라 님의 눈치를 봤을 법하네요. 그렇게 본다면 화를 내는 것도 마음을 표현하는 방법 중의 하나인 셈이죠. 사실, 가인도 하나님께 성질을 낼 기회가 있었답니다."

> "가인과 그의 제물은 받지 아니하신지라 가인이 몹시 분하여 안색이 변하니 여호와께서 가인에게 이르시되 네가 분하여 함은 어찌 됨이며 안색이 변함은 어찌 됨이냐 네가 선을 행하면 어찌 낯을 들지 못하겠느냐 선을 행하지 아니하면 죄가 문에 엎드려 있느니라 죄가 너를 원하나 너는 죄를 다스릴지니라" **창 4:5-7**

"오호 그런가? 나도 거기까진 생각 안 해 봤는걸."

"가인의 안색을 보신 하나님께서 한마디 하셨어요. 문제를 네 안에서 찾으라는 것인데 분노로 가득 찬 가인이 그 말을 들을 리가 없었죠. 그래도 그때 가인은 하나님께 끝까지 따지고 덤벼들었어야 했습니다. '왜 하나님께선 나보다 늦게 제사를 드린 아벨의 제사는 받으시고 왜 제 제사는 안 받으시는 거죠?'라고 따졌다면 하나님은 그 이유를 정확하고도 친절하게 알려 주셨을 겁니다. 그런데 가인은 묻지 않았어요. 혼자 끙끙 앓고 있는 바람에 문제를 키웠지요."

"혼자 끙끙 앓는 게 왜 문제를 키운다는 건가?"

"심리학에는 '반복의 오류'라는 개념이 있습니다. 어떤 부정적인 사건을 계속 반복해서 생각하다 보면 나중엔 그것이 완벽한 하나의 사실로 굳어진다는 이론입니다."

"처음엔 사소했던 문제가, 혼자 끙끙 앓는 시간이 오래되면 나중엔 눈덩이처럼 커져 버린다는 말이구먼. 자네가 한 말을 정리해 보면 분노 폭발은 대체로 문제의 크기가 아니라 자기 혼자 생각하는 게 더 큰 문제가 된다는 것이로군."

"정확히 보셨습니다. 그래서 반복의 오류는 '눈덩이 이론'으로도 불립니다. 처음엔 자기가 굴린 눈덩이가 나중엔 걷잡을 수 없게 되죠. 가인은 누구나 인정하는 '객관적 사실'이 아니라 혼자만의 '주관적 사실'을 '객관적 사실'이라고 단정 지었던 것이죠. 그래서 이 문제의 유발자가 동생 아벨이라고 반복적으로 생각하다 보니 의심의 여지 없는 기정사실이 되었고, 누적되었던 분노가 한꺼번에 폭발되고만 겁니다. 게다가 '확증편향(confirmation bias)'이라는 개념도 있는데 어떤 일이 그렇다고 생각하면 그 이후의 모든 일은 다 그것을 증명해 주는 것처럼 작동된다는 이론입니다."

"아! 그렇구먼. 혼자 끙끙 앓고 있는 건 별로 좋은 방법이 못 되는 거네."

"맞습니다. 외향적 성격이라면 누구든 만나서 속마음을 풀어 놓겠지만 내향적 성격은 그러기 쉽지 않습니다. 그럴 때는 글쓰기를 한다든지 기도하는 것이 좋습니다. 하나님께 미주알고주알 일러바치는 것이죠."

"그렇겠구먼. 그런데 아까 자네가 하나님께도 따지고 덤벼든다는 표현을 썼는데, 만약 가인이 하나님께 따지고 덤벼들었다면 하나님께서는 그것 때문에 화를 내기보단 제사를 받지 않으시는 이유를 명확하게 알려 주셨을 테지?"

"그럼요. 하나님이 얼마나 친절하고 자상하신데요. 성경에 보면 하나님께 따지고 덤벼든 사람들이 더러 있었는데 그때마다 하나님은 오히려 인자하신 태도로 그들의 푸념이나 하소연을 다 받아 주면서 질문을 통해 스스로 깨닫도록 하셨습니다. 먼 후일에 요나라는 하나님의 선지자가 그랬고 하박국이라는 선지자도 그랬습니다. 바락바락 대들고 삐치고 하나님의 말씀을 거역했음에도 불구하고 하나님은 그들의 눈높이에 맞춰 친절하게 조목조목 알려 주면서 결국 스스로 깨닫게 하셨지요."

"요나라는 선지자와 하박국이라는 선지자에게 무슨 일이 있었는가?"

"요나는 아브라함 님의 후손들이 건설한 나라가 남과 북으로 분열되었을 때의 선지자입니다. 적국 앗수르의 수도 니느웨에 가서 하나님의 심판 예고 메시지를 전하라는 사명을 받습니다. 앗수르는 북왕국 이스라엘을 가장 괴롭혔던 나라였는데 극악무도하기로 유명했습니다. 이웃 나라를 침공하면 여자들을 겁탈하고 어린아이와 노인들을 가차 없이 죽이고 임신한 여자는 배를 갈라 죽이는 잔인한 족속이었죠. 그러니 이스라엘 백성들은 앗수르라는 말만 들어도 치를 떨 정도였습니다. 그래서 이스라엘 사람들이라면 누구나 앗수르가 멸망하기를 바라고 있었어요. 선지자이기 이전에 이스라엘 사람인 요나도 마찬가지였죠. 그래서 요나는 니느웨로 가지 않고 다시스로

가는 배를 탑니다. 자기가 심판 경고 메시지를 전하지 않으면 니느웨는 심판을 받을 수밖에 없을 테니까요. 하나님의 눈을 피해 반대 방향으로 도망갔지만 전능하신 하나님의 눈을 피할 순 없었어요. 풍랑이 일어났고 신의 노여움으로 생긴 풍랑임을 아는 선원들이 문제 유발자를 찾았죠. 결국 배 밑창에 숨어 있던 요나가 발각되었고 죗값으로 바다에 던져졌습니다. 그때 큰 물고기가 요나를 삼켰는데 거기서 3일 밤낮을 지냅니다. 본인이 못 견딜 상황에 빠지니 두 손 두 발 다 들고 회개합니다. 결국 어쩔 수 없이 다시 니느웨로 가서 하나님의 메시지를 전하긴 합니다만 그냥 건성으로 했어요. 왜 그랬는지는 아시겠죠?"

"심판 경고 메시지를 제대로 선포하면 니느웨가 회개할 것이고, 회개하면 하나님이 심판을 철회하실 테니까 그랬겠지. 건성으로 전했다 해도 어쨌든 하나님께는 자기는 전하라는 메시지를 전했다고 말할 수 있었을 테고. 그런데 말일세, 이해가 안 되는 게 있네. 하나님의 심판 메시지는 택한 백성들에게 적용되는 것 아닌가? 이방 나라, 그것도 택한 백성을 압제하는 나라에 대해서 왜 심판의 메시지를 전하라고 하셨는가?"

"그것이 그분의 속성입니다. 아무리 택한 백성이 아니라도 죄악이 가득한 나라는 반드시 심판하시거든요. 소돔과 고모라를 멸하신 이유를 생각하면 이해가 되실 걸요?"

"아하. 그렇구먼. 알겠네. 그래서 니느웨라는 도시는 어떻게 되었나?"

"왕에서부터 짐승에 이르기까지 금식을 선포하고 회개했습니다. 그 극악무도한 사람들이 말이죠."

"허허. 이방인들이, 그것도 건성으로 전하는 메시지를 듣고 회개했다니 신기한 일이로군."

"그래서 하나님의 아들인 예수 그리스도가 이 땅에 오셨을 때 자신의 말을 받아들이지 않는 사람들을 향해 니느웨 사람들과 비교했던 적이 있습니다. 그다음은 어떻게 되었을까요? 니느웨가 망했을까요, 안 망했을까요?"

"하나님이 회개하는 백성을 멸망시키는 분은 아니라고 믿네. 내가 소돔을 위해서 중보할 때는 의인 열 명이 없어 끝내 망했지만, 니느웨는 왕에서부터 짐승에 이르기까지 다 회개했다니 심판을 철회하셨겠지."

"역시 제대로 보셨습니다. 그런데 요나는 어땠을까요?"

"내심 니느웨가 멸망하길 바랐는데 그러지 않았으니 실망했겠지."

"실망 정도가 아니었지요. 요나는 방방 뛰고 난리도 아니었습니다. 요나는 니느웨가 어떻게 되나 보려고 니느웨가 내려다보이는 높은 곳에 있었어요. 알다시피 이 지역은 사막성 기후라 낮의 열기는 얼굴이 익을 정도로 뜨겁죠. 그늘을 만들어 주는 나무도 없고요. 그래서 하나님께서 박넝쿨 하나를 나게 하셨고, 요나는 그 그늘 아래에서 상황을 지켜봤지요. 얼마나 좋았겠어요? 그런데, 조금 있다가 하나님께서 벌레 한 마리를 보내 박넝쿨을 씹게 하셨는데 이내 시들어 버렸습니다. 박넝쿨이 시드니 그늘이 사라져 요나는 태양 볕에 그대로 노출되었고, 그러자 요나는 뜨거워 죽겠다며 있는 대로 성질을 내면서 투덜댑니다. 하나님이 그 불평이 정당하냐고 물으니 '죽어도 맞다'고 심통을 부렸죠. 그러자 하나님은 이렇게 말씀하십니다."

"여호와께서 이르시되 네가 수고도 아니하였고 재배도 아니하였고 하룻밤에 났다가 하룻밤에 말라 버린 이 박넝쿨을 아꼈거든 하물며 이 큰 성읍 니느웨에는 좌우를 분변하지 못하는 자가 십이만여 명이요 가축도 많이 있나니 내가 어찌 아끼지 아니하겠느냐 하시니라"
**욘 4:10-11**

"아하! 맞네 맞아. 하나님이라면 그러실 만하지. 하나님은 내게도 정말 친근하고 다정스럽게 접근하셨는데 그 요나란 친구에게도 그러셨군. 정말 좋으신 하나님이셔. 그럼 하박국이란 선지자는?"

"하박국 선지자는 세상의 불의에 대해서 하나님께 따졌습니다. 하나님을 믿고 따르는 사람은 어려움을 당하고, 하나님을 안 믿는 사람들은 기고만장한 채로 세상의 모든 부귀영화를 누리고 사는 불합리에 대해서 따지고 덤벼든 거죠."

"이번에도 박넝쿨을 준비하셨는가?"

"하하. 아닙니다. 이번에도 하나님은 하박국의 푸념을 다 들어 주셨습니다. 그리고 대화를 통해서 하박국의 의식 수준을 한 단계 더 높여 주셨죠. 결국 하박국은 보다 높은 차원의 삶, 영적인 가치를 추구하는 삶에 대해 깨달았습니다. 그래서 하박국은 하나님 한 분만으로 만족하다는 신앙고백을 합니다."

"비록 무화과나무가 무성하지 못하며 포도나무에 열매가 없으며 감람나무에 소출이 없으며 밭에 먹을 것이 없으며 우리에 양이 없으며 외양간에 소가 없을지라도 나는 여호와로 말미암아 즐거워하며 나의 구원의 하나님으로 말미암아 기뻐하리로다" **합 3:17-18**

"그 하박국이라는 선지자의 신앙고백이 가슴에 와닿네. 나도 지금 심정이라면 그렇게 고백하겠네. 하나님 한 분만으로 충분하다고 말일세."

아브라함은 진심으로 말하는 것처럼 보였다. 어떤 가식도 보이지 않았다. 잠시 침묵이 흐른 뒤에 큰 기침을 한 번 하고는 아브라함이 물었다.

"하나님께서는 따지고 덤벼드는 사람들조차도 감싸안으면서 친절하고 상세하게 깨닫게 해 주신다는 것을 새삼 확인했네. 그렇다면 우리가 하나님께 따지고 덤벼드는 것도 일종의 묻는 행위가 될 있을 텐데 가인은 왜 그러지 않았을까?"

"그건 초창기의 아브라함 님도 그러셨지요. 가나안으로 이주한 후 기근이 들었을 때 하나님께 묻지도 않고 살 길을 찾아 애굽으로 가셨잖아요."

"헉! 자네가 그걸 어떻게 알았나? 부끄럽지만 그때는 정말 그랬지. 정말이지 떠올리고 싶지 않은 기억이야. 그 이후 나는 가는 곳마다 여호와께 제단을 쌓았다네. 그건 하나님께 묻기 위함이었지."

그때 아브라함의 종들이 간식을 가지고 왔다. 포도와 말린 무화과였다. 일조량이 풍부한 지역에서 생산되는 과일이라 맛이 기가 막히게 좋았다. 잠시 간식을 먹는 동안 인터뷰도 중단했다. 상쾌한 바람이 불어왔다.

"다시 본론으로 들어가시지요. 가인과 아벨이 드린 제사는 어떤 종류였을까요?"

"속죄를 위한 것은 아니었을 것 같네."

"맞습니다. 그들이 드린 제사는 감사제였습니다."

가인과 아벨 이야기를 다루는 설교에서, 하나님께서 가인의 제사는 거절하고 아벨의 제사는 받으신 이유로, 아벨은 양을 드렸고 가인은 농산물을 드렸기 때문이라고 말하는 것을 더러 들었다. 구속사적 관점에서 양은 속죄의 피가 있기 때문에 속죄제물이 되지만 곡식은 속죄의 피가 없기 때문에 받으실 수 없다는 논리다. 그렇다면 가인이 동생 아벨로부터 양을 사든지 달라고 하든지 그랬으면 끝났을 일이다. 또 가인은 농사짓는 사람이라 농산물을 드렸고 아벨은 양 치는 사람이라 양을 제물로 드린 것은 지극히 자연스럽다. 가인의 제사에 속죄의 피가 없었기 때문에 거절하셨다는 논리는 성립이 안 된다.

여기서 짚어야 할 것은 제사의 성격이다. 두 사람의 제사는 속죄제나 속건죄가 아니었고 하나님께서 명하신 것도 아니었다. 자발적으로 드린 일종의 감사제였다. 그러니 농사꾼 가인이 농산물로 제사를 드리고 양치기 아벨이 양으로 제사를 드린 것은 지극히 당연한 일이었다. 또 아벨이 제사를 드리기 전에 먼저 드렸던 가인의 제사는 피가 없었음에도 열납되고 있었다. 성경에는 하나님께서 왜 가인의 제사를 안 받으셨는지에 대한 언급은 없다. 제사를 받고 안 받고의 결정은 하나님의 절대적 권한이다. 하나님이 왜 안 받으시는가에 대한 물음과 해답은 스스로에게 던져서 얻어야 한다.

"왜 하나님은 가인의 제사를 안 받으셨을까요?"

"그건 내가 답할 수 있을 것 같네. 뭔가가 부족했겠지. 하나님은 완전하지 않으면 안 되는 분이거든. 내 믿음의 수준을 늘 달아 보시면서 기준치 미달일 때는 외면하셨네. 아마 가인의 제사는 아벨에

비해서 뭔가가 부족했을 것이네."

"맞습니다. 제사는 사람과 결코 분리되지 않습니다. 제물은 곧 그 사람이니까요."

> "아벨은 자기도 양의 첫 새끼와 그 기름으로 드렸더니 여호와께서 아벨과 그의 제물은 받으셨으나 가인과 그의 제물은 받지 아니하신지라 가인이 몹시 분하여 안색이 변하니" **창 4:4-5**

후발 주자는 아벨이었다. 아마 형 가인이 감사제 드리는 모습을 보고 좋아 보여서 벤치마킹 했을 것이다. 그런데 여기서 눈여겨봐야 하는 것은 '아벨과 그의 제물'이란 표현과 '가인과 그의 제물'이란 표현이다. 즉 제사를 드릴 때의 제물과 사람은 하나다.

가끔 나는 교인들에게 구약의 제사법에 대해서 물어 본다.

"어떤 죄를 지은 사람이 속죄제를 드릴 때 희생(犧牲)의 머리에 손을 얹어 죄를 전가시켜야 하는데, 이때 희생의 머리에 안수하는 사람은 제사장일까요, 제사를 드리는 사람일까요?"

많은 사람들이 제사장이라고 답한다. 아니다. 제사를 드리는 사람이다. 레위기는 이것을 명확하게 밝히고 있다. 왜냐하면 내 죄를 대신 담당할 희생에게 자신의 죄를 직접 전가시켜야 하기 때문이다. 그렇게 본다면 예수 그리스도를 십자가에 못 박은 사람은 로마 군인이 아니라 우리 자신이어야 한다. 예수를 십자가에 직접 못 박지 않은 사람은 구원을 얻을 수 없다. 그러기에 2천 년 전의 십자가 사건은 그 당시의 역사적 사건일 뿐 아니라 지금도 여전히 통용되는 구원의 사건이다.

"이스라엘 자손에게 말하여 이르라 너희 중에 누구든지 여호와께 예물을 드리려거든 가축 중에서 소나 양으로 예물을 드릴지니라 그 예물이 소의 번제이면 흠 없는 수컷으로 회막 문에서 여호와 앞에 기쁘게 받으시도록 드릴지니라 그는 번제물의 머리에 안수할지니 그를 위하여 기쁘게 받으심이 되어 그를 위하여 속죄가 될 것이라" 레 1:2-4

"그렇다면, 죄를 뒤집어쓴 희생을 죽여 가죽을 벗기고 다리를 잘라내고 각을 뜨는 작업은 누가 할까요? 제사장일까요, 제물을 바치는 사람일까요?"

이 질문에도 제사장이라고 답하는 사람들이 많다. 그런데 이 작업 또한 제사를 드리는 사람이다. 희생을 죽이는 과정은 곧 자신을 죽이는 과정이다. 즉 죄의 대가로 그렇게 죽어야 하는 사람 대신 짐승이 죽을 뿐이다. 단, 피를 뿌리는 정결의식은 제사장의 몫이다.

"그는 여호와 앞에서 그 수송아지를 잡을 것이요 아론의 자손 제사장들은 그 피를 가져다가 회막 문 앞 제단 사방에 뿌릴 것이며 그는 또 그 번제물의 가죽을 벗기고 각을 뜰 것이요" 레 1:5-6

여기까지가 제물을 바치는 사람의 일이다. 이렇게 완벽히 준비한 제물을 제사장에게 인계하면 제사장은 번제단으로 가져가 불을 붙인다.

"제사장 아론의 자손들은 제단 위에 불을 붙이고 불 위에 나무를 벌여 놓고 아론의 자손 제사장들은 그 뜬 각과 머리와 기름을 제단 위의 불 위에 있는 나무에 벌여 놓을 것이며 그 내장과 정강이를 물로 씻을 것이요 제사장은 그 전부를 제단 위에서 불살라 번제를 드릴지니 이는 화제라 여호와께 향기로운 냄새니라" 레 1:7-9

그렇다고 제물을 바친 사람의 일이 끝난 것은 아니다. 제사장에게 인계했다고 자리를 떠날 수 없다. 지금까지의 모든 과정을 자기 자신이 했고, 완전히 불타서 없어지는 제물 또한 자기 자신이기 때문에, 제물이 완전히 타서 재가 될 때까지 곁에서 지켜보아야 한다. 즉 자기가 죗값으로 불타 죽어야 하는데 짐승이 대신해서 죽는다는 것을 인정하며 내내 참회의 기도를 올려야 한다. 짐승은 아무 죄가 없지만 내 죄를 뒤집어썼다는 이유만으로 죽임을 당하고 가죽 벗김을 당하고 사지를 절단당하고 각이 뜨인 채로 번제단에서 완전히 불태워져 사라지는 것이다. 그리고 제물이 완전히 타 재가 된 후에야 제사장은 나팔을 불어 죄인의 죄가 사해졌음을 선포한다. 즉 제물이 죗값을 계산했기에 죄에서 자유롭게 되었음을 선포한다. 이제 제물을 바친 사람은 죄사함의 기쁨을 안고 집으로 돌아갈 수 있다.

"...제사장은 그 전부를 제단 위에서 불살라 번제를 드릴지니 이는 화제라 여호와께 향기로운 냄새니라" 레 1:9

제물을 태우는 모든 과정에서 역한 냄새가 나는데, 레위기에서는 이것을 여호와께 향기로운 냄새라고 표현하고 있다. 고깃집에서 생고기나 양념 고기를 구워 본 사람은 안다. 고기 타는 냄새는 결코 향기롭지 않다. 그럼에도 불구하고 향기로운 냄새라고 표현한 것은 그 냄새, 즉 죄를 태우는 냄새, 죗값을 계산하는 냄새가 있어야 죄를 속하고 그 후에야 다시 하나님과 참 만남이 가능하기 때문이다. 견우직녀 이야기에서 그들이 1년에 한 번 만나는 오작교에서 악취가 난다고 가정해 보자. 1년만의 만남을 위해 오는 중에 악취가 나기 시작한다면 그 냄새가 반가울 것이다. 그것은 오작교가 가까웠다는 뜻이고 그토록 사랑하는 연인을 곧 만난다는 확증이다.

아무리 인간을 사랑하는 하나님이시지만 죄를 범한 인간은 만날 수가 없다. 그런데 죄를 속하는 제사의 고기 태우는 냄새가 난 후에는 다시 그와 반가이 교류할 수 있기에 하나님께 향기로운 냄새인 것이다.

"우리가 앞에서도 살펴보았는데요, 그렇다면 가인이 했어야 하는 행동은 무엇이었을까요?"

"여호와께 물었어야 했지. 아까 따지는 것도 묻는 것이라고 하지 않았던가? 아니면 동생에게 물었어야 했고 말이야. 동생 아벨이 얼마나 친절하게 가르쳐 주었겠나?"

"맞습니다. 그런데도 가인은 묻지 않습니다. 묻지 않는다는 말과 듣지 않는다는 말은 똑같습니다. 묻지 않는 사람은 듣지도 않습니다. 저는 상담을 하면서 그런 사람들을 정말 많이 봅니다. 저는 그런 사람들을 귀가 없는 사람이라고 말합니다."

이것은 자기라는 감옥에 갇힌 사람으로서 심리적 자폐 현상이다. 이들은 자신에게 일어난 모든 문제의 원인을 외부에서만 찾고 자기에게서 찾지 않는다. 많은 사람들이 평생을 이렇게 산다. 어릴 때는 부모를 원망하고, 결혼해서는 배우자를 원망하고, 나이 들어서는 자식을 원망한다. 늘 가족과 주변인들, 나아가 세상 전부를 원망하면서 억울해하고 분노한다. 부정(denial)과 투사(projection)라는 방어기제로 똘똘 뭉쳐 있다. 그러니 자기는 아무런 잘못이 없다며 늘 남 탓만 한다. 이 두 가지 심리적 방어기제는 방어기제 중에서도 가장 낮은 수준이며, 자기만 죽이는 게 아니라 남까지 죽인다.

가인은 그런 인물의 전형이다. 동생 아벨만 죽인 것이 아니라 결과적으로 자신도 죽였기에 패-패(lose-lose)의 결과를 산출했다. 만약 가인이 하나님께든 아벨에게든 물었다면 승-승(win-win)의 결과를 산출했을 것이고 형제애는 더 깊어졌을 것이다. 가인이 조금만 더 성숙했더라면 이성적 대처를 했을 것이다. 자신의 제사가 거절되었다면 하나님, 아벨, 자신 셋을 두고 하나씩 짚어 보아야 한다. 제사를 받고 안 받고의 결정권은 하나님의 주권이니 가인 입장에서 뭐라 할 수 없고, 동생의 제사는 현재 잘 열납되고 있으니 동생은 문제가 없다. 그렇다면 문제는 자신에게만 있다. 그것을 인정한 후 가인은 동생 아벨에게 컨설팅을 요청하며 이렇게 물을 수 있었다.

"아벨아! 하나님께서 언제부터인가 내 제사를 안 받으신다? 왜 그러실까? 네 제사는 받고 있으시지? 그렇다면 내 제사에 뭔가 문제가 있다는 거니까 네가 와서 뭐가 문제인지 좀 봐 줄래?"

"알았어. 형. 얼마든지 봐 줄게. 제사 드릴 때 날 불러."

아벨은 가인의 제사를 유심히 살펴본 후에 부족한 게 무엇인지 상세하게 알려 주었을 것이다.

"형! 하나님은 온전한 제물만 받으셔. 나는 제물로 드리는 양 중에 흠 있는 것은 절대로 바치지 않아. 그런데 형이 드리는 곡식을 보니까 쭉정이도 있고 설익은 열매도 있고 깜부기 있는 이삭도 있더라. 그런 것을 바치면 하나님께서 안 받으셔. 그러니 온전한 걸로 바꿔 봐."

가인이 묻고 듣는 사람이었다면 아벨의 충고를 듣고 자신의 제사를 온전한 제사로 드렸을 것이고, 하나님은 당연히 그의 제사를 다시 기쁘게 받으셨을 것이다. 그랬다면 가인은 기쁨에 찬 얼굴로 와서 이렇게 말했을 것이다.

"아벨아! 고맙다. 드디어 하나님께서 내 제사를 받으셨어. 네가 알려준 대로 했더니 하나님이 내 제사를 열납하셨어. 네 말대로 내가 흠 있는 제물을 드렸던 게 문제였어. 다 네 덕이야. 고맙다 고마워. 내가 어떻게 보상해야 할까?"

"보상은 무슨. 하나님께서 형의 제사를 다시 받으신다는 사실만으로도 충분히 기뻐. 다행이야. 내가 도움이 되었다는 것이 더 기분 좋아."

아마 두 사람은 기쁨의 잔치를 하고 평생토록 우애 좋은 형제로 살았을 것이다. 그러나 묻지 않는 가인, 동시에 듣지 않는 가인으로 인해 아벨은 억울한 죽음을 맞이했고 가인은 평생 유리하는 자가 되었다.

결국 행복과 불행을 가르는 건 관계의 기술이다. 관계의 기술은 자신을 아는 것부터 시작한다. 자기를 모르고는 남들과의 관계를 제대로 맺을 수 없다. 그러니 사람으로 태어났다면 적어도 한 번쯤은 진지하게 자기 탐사를 해 봐야 한다. 상담 쪽의 일을 하든 안 하든 자기 탐사는 필수다. 나에게도 자기 탐사는 상담자가 되는 과정에서 얻은 큰 혜택이었다. 나의 숨겨진 영역을 알게 되었고 늘 궁금했던 성격의 비밀과 분노의 이유를 알 수 있었다.

만약 상담자가 자기 탐사가 안 되어 있으면 역전이(counter-transference)

에 걸려 제대로 된 상담을 할 수 없다. 역전이란 상담자가 본인의 해결되지 않은 감정이나 문제를 환자를 향해 투사하는 것을 말한다. 충분한 자기 탐사는 '그런 나'를 자연스럽게 받아들이게 하는데, 신기하게도 내가 '그런 나'를 받아들이는 만큼 다른 사람의 '그런 그'를 받아들일 수 있다.

가인은 욱하는 성질을 가진 버럭쟁이였다. 버럭쟁이는 이성적 대처를 할 능력이 턱 없이 부족해 감정적 대처만 한다는 뜻이요 자신을 몰라도 너무 모른다는 뜻이다. 남의 말을 절대로 안 듣기에 그 마음에 누구도 들어갈 공간이 없고, 심리적으론 자기통제력을 갖추지 못해 정신연령이 영유아 수준에 고착되어 있는 사람이다. 자기탐사가 전혀 안 되어 있으니 자신의 콤플렉스를 전혀 모른다. 콤플렉스(complex)란 남들에게 들키고 싶지 않는 영역이며 융의 분석심리학에선 그림자(shadow)라고 부른다.

버럭 성질을 내는 사람을 잘 살펴보면 얼마나 여리고 약한지, 또 우월감이나 열등감이 얼마나 가득한지 보게 될 것이다. 그는 자기보다 조금이라도 약한 사람 앞에서는 한없이 거들먹거리고(우월감), 자기보다 조금이라도 강한 사람 앞에서는 완전히 쪼그라든다(열등감). 우월감과 열등감은 동전의 양면이며 서로 다른 이름일 뿐이다.

### 인터뷰 5.
# 왜 고향과 친척과 아버지 집을 떠나라고 하셨을까?

● "고향과 친척 그리고 아버지 집을 떠나라고 명령하셨을 때 어떤 기분이셨어요?"

"무척이나 당황스러웠고 또 황당하게도 느껴졌지. 나에게 나타나신 하나님은 아무런 계획이나 대책도 없는 막무가내가 아닌가 싶었어. 정확히 어디라는 이야기도 하지 않으면서 그저 자신이 지시하는 땅으로 가라고만 하셨지. 최소한 정보를 주는 게 기본이잖은가? 그런데 어디로 갈지 목적지도 안 알려 주고 무조건 떠나라고 하는 건 좀 그렇지. 억지도 그런 억지가 없어."

"무슨 목적이 있지 않았을까요?"

"그때는 몰랐고 지금 이 나이가 되어서야 그 목적을 알았다네. 전적으로 하나님을 믿고 따르라는 거야. 100퍼센트의 믿음을 요구하시는 것이지. 그분은 완전한 순도의 믿음을 요구하시는 분이거든."

"사실 쉽지 않았을 텐데요."

"암. 그렇다마다. 우리가 사는 세상에선 생존에 가족과 씨족이 절대적으로 필요했어. 가족을 떠난다, 씨족으로부터 버림을 당한다는 말은 죽을 운명에 처했다는 말과 동일했다네. 안전을 보장해 주었던 공동체로부터 벗어난다는 것은 완전히 무력한 상태에 빠지는 거니까. 그러니 그곳을 떠나야만 내가 하나님이란 다른 보장을 믿을 수밖에 없게 되지. 물론, 그분의 보장은 완벽했다네. 내 일생을 통틀어 정말 그분의 인도하심은 내 생각의 차원보다 훨씬 더 크고 깊었어. 놀라운 은혜였지. 암 그렇고말고."

고향, 친척, 아버지 집을 떠나라는 것은 익숙한 것들로부터, 안전을 제공해 주는 것으로부터 떠나라는 것이다. 모험은 떠나는 것으로부터 시작된다. 다른 인생을 살고 싶다면 익숙한 것들, 고정되었던 것들, 안정과 안전을 주었던 것들로부터 먼저 떠나야 한다. 안주하기 시작하면 이미 안락사의 대상이 된 것이다. 인생은 끝없이 도전하고 모험해야 한다. 그래야 살맛나는 인생이 된다. 매너리즘에 빠졌고 뭔가 살맛이 나지 않는다면, 우울감에 빠지고 생의 의미를 잃었다면, 그는 익숙함의 '고향 친척 아버지 집'에 푹 젖어 있느라 생긴 현상임을 알고 새로운 모험을 향해 떠나야 한다. 《아직도 가야 할 길》의 저자 스캇 펙(M. Scott Pack)은 이렇게 말했다.

"실제로 우리 인생에서 가장 좋은 시기는, 우리가 어렵고 불행하고 불만족스러울 때 도래한다. 어려움을 극복하기 위해 여러 가지 방법과 진정한 해결책을 모색하기 때문이다."

요즘은 내륙에 있는 도시에서도 생선회를 먹을 수 있다. 운송 기술이 발달한 덕분이지만 처음엔 쉽지 않았다고 한다. 바닷가에서 횟감을 육지로 운송하던 사람들은 장거리 운행 중에 횟감이 죽는 일에 대한 대책을 탐구했다. 고심 끝에 얻은 대책은 횟감의 포식자 물고기 몇 마리를 수조에 투입하는 것이었다. 포식자는 온 사방에 먹잇감들이 있으니 얼마나 신났을까? 반면 포식자를 본 횟감 물고기들은 혼비백산하여 살아남기 위해 수조 구석구석까지 헤엄치며 도망다녔다. 그랬더니 장거리 운행을 마치고 목적지에 도착했을 때도 여전히 팔팔하게 살아 있었다. 포식자 물고기가 먹어 치운 횟감 몇 마리쯤은 손실이 아니었을 뿐 아니라 포식자 물고기도 횟감이나 매운탕감이 될 수 있어 일석이조였다.

이전의 횟감 물고기들은 너무 편해서 죽었던 것이다. 따라서 지금과 다른 인생을 살고 싶다면 고향과 친척과 아버지 집을 떠나야 한다. 보장된 그 무엇이 없는 영역이라 할지라도 하나님을 믿고 따르는 사람은 주파수를 하나님께로 맞추고 모험을 떠나야 한다. 그런 면에서 본다면 신앙인들은 세상에서 가장 진취적인 사람이어야 한다.

사실, 결정장애자 아브라함은 갈대아 우르에서 가나안으로 직행하지 않았다. 아버지 데라도 함께 길을 떠나 중간 지점인 하란에 거류했다. 거기서 아버지 데라가 죽은 이후에 다시 가나안으로의 여정을 잇는다. 갈대아 우르와 하란은 그 당시 메소포타미아 문명이 발달한 곳이었다. 우리가 세계사에서 배웠던 비옥한 반달지역이다.

나는 예전에 섬기던 교회에서 성경 총론을 몇 년 가르친 적이 있다. 꽤나 인기 있는 강좌여서 매 학기마다 수강생이 넘쳐났다. 본 교회 교인들은 물론 이웃 교회 교인들까지 수강하러 왔었다. 그때 아브라함이 갈대아 우르를 떠나 가나안에 정착하는 장면을 재미있게 설명해 주었는데 다들 웃으면서 저절로 기억된다고 좋아했다.

"아브라함이 갈대아 우르에 살고 있을 때, 하나님이 갑자기 나타나셔서 거기를 떠나라고 했습니다. 하나님이 아브라함에게 '갈 테야?'라고 물었을 때 머뭇거리고 즉각 대답을 못했는데 자꾸 하나님이 '갈 테야 안 갈 테야?'라고 재촉하니, 아브라함이 마지못해 '울어 울어' 떠났습니다. 그래서 갈대아 우르라고 부릅니다. 거기서 가나안으로 직행하지 않고 하란이란 지방에 가서 거류합니다. 결국 아버지가 거기서 죽는데, 아버지가 죽는 것을 보고 놀란 아브라함은 가나안으로 다시 출발합니다. 그때 하나님께서 아브라함에게 한마디 하시죠. '아브람! 너 똑바로 하란 말이야.' 그래서 그 지방이 하란입니다. 그리고 마침내 가나안 땅에 도착했죠. 가나안에 도착했을 때 하나님이 한 말씀하시죠. '아브람! 너 또 다른 데로 샐 거야? 다른 데로 갈 거야 안 갈 거야?' 이에 아브람이 답했습니다. '안 나가요 안 나가!' 안 나가를 뒤집으면 가나안이 됩니다. 그래서 가나안입니다."

인터뷰 6.
# 왜 아브라함에겐 선택권이 주어지지 않았나?

● "아브라함 님을 부르실 때 적어도 하나님께서는 아브라함 님의 의견을 물으셨어야 하지 않나요? 하나님께서 이러이러한 계획이 있는데 거기에 응할지 안 할지에 대한 선택권을 주셨어야 맞지 않아요?"

"말은 맞네. 그렇지만 그건 금지된 물음 아닌가? 인간이 어찌 하나님의 결정에 질문을 하거나 의견을 제시할 수 있다는 말인가?"

"금지된 물음…."

나는 아브라함의 '금지된 물음'이라는 표현을 듣고 생각에 빠졌다. 인간에게는 처음부터 금지된 물음이 있었는데 창세기에 등장한다. 창세기는 "태초에 하나님이 천지를 창조하시니라"(창 1:1)라는 문장으로 시작한다. 여기에는 인간 쪽에서의 의견 수렴 따위 없다. 전적으로 그분의 일방적 계획과 실행이다. 따라서 인간 편에서는 자신의 탄생에 대해서 항의할 권리가 없다. 철학자 하이데거는 이런 인간의 실존에 대해서 '피투(被投)된 존재'라는 표현을 사용하였다. 사도 바울은 금지된 질문에 대해서 토기장이와 그릇으로 비유한다.

> "이 사람아 네가 누구이기에 감히 하나님께 반문하느냐 지음을 받은 물건이 지은 자에게 어찌 나를 이같이 만들었느냐 말하겠느냐 토기장이가 진흙 한 덩이로 하나는 귀히 쓸 그릇을, 하나는 천히 쓸 그릇을 만들 권한이 없느냐" **롬 9:20-21**

금지된 질문도 과학적 사고에 바탕을 둔 형평의 시각에서는 지극히 일상적인 물음이요 권장되는 물음이다. 우리가 학교에서 배운 교육의 패러다임에서는 이런 질문을 자연스럽게 던진다. 학교는 철저한 S(stimulus)-R(response) 이론을 기본으로 과학적 패러다임을 바탕에 깔고 있다. 그 교육에 의해 우리의 사고 체계는 과학적인 근거에 맞는지 맞지 않는지의 여부를 반사적으로 측정하려 하기에 "태초에 하나님이 천지를 창조하시니라"라는 명제 또한 과학적 실험대에 올려놓고 진위 여부를 판별하려 들고, 설명이 안 되면 거짓으로 단정한다.

그러나 창조론이 맞느냐 진화론이 맞느냐는 물음은 큰 의미가 없다. '론(論)'이란 말 자체가 '말하다, 진술하다, 사리를 밝히다, 고하다, 여쭈다, 왈가왈부하다'라는 뜻으로 아직 명확한 진리가 아님을 전제하고 있기 때문이다. 론(論)의 출발은 "A는 B일 것이다"라는 가설이고 가설이 진리가 되려면 과학적 증명을 통해 확증을 얻어야 한다. 그래서 과학, 철학, 사회과학 등에서의 론(論)의 개념은 명확하게 밝혀진 게 아니라 어느 정도 정립된 이론이란 뜻이다.

현대사회엔 금지된 질문을 던지는 사람들이 생겨나고 있다. 2019년 2월 12일 SBS에서 이런 내용의 뉴스를 들었다.

한 인도 남성이 자신의 동의 없이 자신을 태어나게 했다며 부모를 고소하겠다고 밝혔습니다. 현지 시간으로 지난 7일, 영국 BBC 등 외신들은 인도 뭄바이에 사는 27세 남성 라파엘 사무엘에 대해 보도했습니다. 보도에 따르면, 사무엘은 "세상에 태어난 것은 나의 동의 없는 결정이었다. 태어나면 평생 고통 받으며 살아야 하므로 아기를 낳은 것은 잘못이다"라며 앞으로 살아가는 데 필요한 생활비를 부모에게 청구하는 소송을 냈습니다. 사무엘은 "뱃속의 아기에게 동의를 구한다는 게 불가능하다는 것을 인정한다"면서도 "하지만 낳아 달라고 부탁하지 않았기 때문에 세상에 태어나는 게 나의 결정에 의한 것은 아니다"라고 주장했습니다.
변호사인 사무엘의 부모는 그간 아들과 아무 문제 없이 잘 지냈기 때문에 이번 소송을 유머로 받아들였습니다. 사무엘의 어머니는 "법정에 부모를 세우려는 아들의 실행력은 존중하지만 우리가 아들의 출생에 동의를 얻기 위해 어떻게 했어야 했는지 합리적인 설명이 가능하다면 잘못을 인정하겠다"라고 밝혔습니다. 사무엘은 현재 소송 전담 변호사를 찾고 있지만 소송을 맡겠다는 변호사가 없어 어려움을 겪고 있습니다.
사무엘이 이렇게 주장하는 것은 '안티 나탈리즘'의 영향을 받아서인데 '안티 나탈리즘'은 삶은 고통으로 가득 차 있으며 사람의 출산이 지구와 자연에 불행한 결과를 초래하기 때문에 더는 번식을 그만하고 인류를 지구에서 점차 퇴출해야 한다는 이론입니다.

사무엘은 지난 해 페이스북 페이지를 만들고 "아이들을 강제로 세상에 태어나게 하지 말라"는 메시지를 전달하고 있습니다. 메시지에는 "부모들은 장난감이나 애완동물 대신 아이를 낳았으며, 자식은 단지 부모의 유희거리다"라는 내용이 담겼습니다. 사무엘은 다섯 살 때부터 '안티 나탈리즘'에 대해 생각하기 시작했습니다. 사무엘은 "어느 날 학교에 가기 싫었는데 부모는 계속 학교에 가라고 강요했다"며 "그래서 부모에게 왜 나를 낳았는지 물었더니 아버지는 아무 대답도 하지 않았다"라고 말했습니다. 이어 "만약에 그때 아버지가 대답했다면 이런 생각을 갖지 않았을 수도 있다"고 전했습니다. 뉴스 픽입니다. - 출처: SBS 뉴스

자신이 억울하다고 여기는 생각은 어디에서 왔을까? 어떤 교육이 사무엘로 하여금 그런 생각을 하게 했을까? 일차적으로 학교 가기 싫은 것을 인정하는 대신 핑곗거리를 찾는 심리적 방어기제로 부정(denial)과 투사(projection)와 합리화(rationalization)가 합해졌다. 이런 현상은 제도화된 교육을 받은 아이들에게서 나타나는 현상으로 의무 0퍼센트, 권리만 100퍼센트 주장하려는 속성이다.

안티 나탈리즘이란 세상을 보는 관점 자체가 부정적이며, 자신에게 주어진 어떤 의무나 당위성도 인정하지 않겠다는 이기적 발상이다. 그 이기적 발상이 인권이나 자유라는 이름으로 통용되는 세상이 되어 감으로써 이런 목소리가 나온 것이다. 그래서 자기라는 관점에서 바라보면 지극히 정당한 목소리지만 관계와 그 이상의 관점에서 바라보면 유아기적 욕망과 가치관에 묶여 있을 뿐이다. 사람은 성숙할수록 이타적이 되고 미숙할수록 이기적이니까.

또한 부모를 소송에 걸었다는 것은 일종의 형평강박이다. 무엇이든 부모와 자신이 동등한 위치에 있다고 여기는 생각이다. 한 인간으로서의 존엄성은 부모나 자신이나 똑같다. 그러나 부모-자식의 역할은 수직 관계다. 부모에게 사랑의 의무가 있다면 자식에게는 존경의 의무가 있다. 존경까진 아니더라도 최소한의 존중은 해야 한다. 현대사회가 핵가족화 되면서 부모-자식 간의 친밀감을 너무 강조한 나머지 부모가 수직 체계의 위라는 개념이 사라졌다. 목욕물 버리려다 아기까지 버렸다는 서양 속담이나 빈대 한 마리 잡으려다 초가산간 다 태운다는 한국 속담과 같다.

행복한 삶이란 단지 편안한 삶만을 의미하지 않는다. 외적인 풍요와 편안(comfort)보다는 내적인 평안(peace)이라는 요소가 훨씬 더 커야 한다. 그의 삶이 자신의 능력을 통한 창조의 삶이었다면 이런 불만을 제시하였을까? 음식을 먹는 사람의 권리와 행복만 추구할 뿐 음식을 만드는 사람의 행복과 보람 같은 것은 무시하는 이의 발상이다. 게다가 살아 있음은 행복의 기본전제다.

"개똥밭에 굴러도 이승이 낫다"라는 우리 속담이나 "삶이 있는 한 희망은 있다"라고 말하는 고대 로마의 수학자이자 철학자였던 키케로(Marcus Tullius Cicero)의 말은 같은 의미다. 내가 지금 살아 있다는 것 자체가 기적이요 은총이다. 부모로부터 생명을 부여받은 것 자체가 기적이요 은혜다. 내가 살아 있다는 것은 무엇이든 할 수 있고 무엇이든 느낄 수 있고 누구와도 교류할 수 있는 무한 기회를 제공받았다는 뜻이다. 즉 인생은 행복을 누릴 수 있는 특권을 사용하는 기간이다.

아인슈타인은 "세상을 보는 데는 두 가지 방법이 있다. 하나는 기적이 없다고 생각하며 사는 것이고 다른 하나는 모든 것이 기적이라고 생각하며 사는 것이다"라고 하였다. 2차 대전 당시 유대인이라는 이유로 독일의 악명 높은 수용소에 수감되었지만 끝까지 살아남은, 의미요법의 창시자 빅터 프랭클은 "인간의 마지막 자유는 어떠한 상황에서도 자신의 태도를 선택할 수 있다는 것이다"라고 말하였다. 결국 행복은 선택의 기술이다. 하나님께서는 직접 행복을 안겨 주시는 분이 아니라 행복의 재료만 제공해 주시는 분이다. 우리는 각자의 레시피로 행복을 창조해야 한다. 그래야 창조주 하나님을 닮은 창조자의 행복을 누릴 수 있다.

종교는 근원적으로 론(論)과 논객(論客)을 허락하지 않는다. 명확한 진리만을 제시하기 때문에 인간의 질문을 허용하지 않는다. '왜 인간은 하나님과 동등한 위치에 설 수 없는가?', '하나님이 인간을 창조하셨다면 인간도 신을 창조한 것 아닌가?'와 같은 것들은 금지된 질문이다. 이 질문은 인간과 하나님을 수평선상에 올려놓았기 때문에 질문 자체가 불경이다.

이러한 생각의 시작은 계몽주의 시대로 거슬러 올라간다. 계몽주의 시대는 인간의 이성이 급속도로 발달되었던 시기로, 인간은 뛰어난 이성을 통해 스스로가 하나님과 동등하거나 동등을 넘어 우월하다는 착각에 빠졌다. 급기야 하나님도 연구 대상으로 전락시켰고 나중엔 신도 인간이 창조해 낸 허구라고까지 주장했다. 특히 다윈의 《종의 기원》이후엔 더욱 그런 생각이 굳어졌다. 근대에 이르러 공산주의의 시조인 칼 마르크스(Karl Marx)는 신이란 존재는 물질적인 존재가 아니므로 이미 거론할 가치도 못 되는 것이며 인간의 정신을 나약하게 만드는 아편과 같은 것이라고 폄하했다. 공산주의가 다윈의 진화론과 유물론에서 출발했기 때문에 물질계 위의 정신적 세계인 종교를 부정하는 것은 당연한 일이다. 그런데 묘하게도 신을 부정하거나 폄하했던 사람들의 최후는 웰 다잉(well dying)이 아니었다. 칼 마르크스도 그랬고 독일의 히틀러도 그랬다.

그렇다면 인간에게 선택권이 없다는 것이 불행일까? 선택의 기회가 많은 쪽과 적은 쪽 중 누가 더 행복할까? 선택의 기회가 많았던 어린 시절을 보낸 사람의 행복지수는 그렇지 않은 쪽보다 오히려 현저히 낮았다. 또한 현명한 선택을 못하는 결정장애에 걸렸다. 그래서 부족함 속에서 어린 시절을 보낸 세대의 행복지수와 선택 능력은 풍요로움 속에서만 성장한 세대보다 훨씬 더 높고 지혜롭다. 또한 인간관계에서 훨씬 더 이타적이다. 거기에다 부족함 속에서 자란 세대는 지금의 풍요가 얼마나 큰 풍요인지를 알기에 누림과 감사가 있지만, 풍요 속에서만 자란 세대는 풍요가 풍요로 느껴지지 않고 자기중심적으로만 살았기에 감사도 없고 이타적인 마음도 없어 냉소주의를 견지한다.

**인터뷰 7.**

# 왜 아브라함에게
# 신적 권위를 부여하셨나?

● "내가 너로 큰 민족을 이루고 네게 복을 주어 네 이름을 창대하게 하리니 너는 복이 될지라 너를 축복하는 자에게는 내가 복을 내리고 너를 저주하는 자에게는 내가 저주하리니 땅의 모든 족속이 너로 말미암아 복을 얻을 것이라 하신지라" **창 12:2-3**

"처음 부름을 받고 '너는 복이라'라는 말씀을 들었을 때 마음이 어땠는지요?"

"그런 인사가 나에게 해당한다는 것에 정말 놀랐지. 내가 복의 근원이라니 말이야."

"더구나 하나님께서 배경이 되어 주신다는 의미도 들어 있잖아요? 아브라함 님을 향해 복을 비는 사람에게는 하나님이 복을 주시고 아브라함 님을 저주하는 사람에게는 하나님이 저주하신다면 감히 누가 아브라함 님을 저주할 수 있을까요? 누가 감히 만만하게 대할 수 있을까요?"

아브라함은 부르심을 받았을 때 복이 되었다(become). 복을 받을 것이라는 미래형이 아니라 "너는 복이다"라는 현재형의 명제형 문장으로 표현하고 있다. 명제형 문장이란 "A는 B이다"라는 형태로 "지구는 둥글다"와 같은 불변의 진리를 표현하는 문장이다.

"저는 이 부분을 읽을 때 전율이 흘렀습니다. 하나님이 마치 아브라함 님의 충실한 종의 위치에 선 모양새였기 때문입니다. 아브라함 님이 복을 비는 사람에게는 복을 내리시고 아브라함 님이 저주하는 자에게 저주를 내린다면, 하나님이 아브라함 님의 말에 전적으로 순종(?)하시는 모습이 된 것입니다. 그로 인해서 아브라함 님의 권위 수준을 하나님과 거의 동등하게 설정해 놓으신 셈이죠."

"자네 말을 듣고 보니 과연 그러네. 우리의 첫 조상 아담은 스스로 하나님과 동등한 지위에 오르겠다는 발칙한 생각을 가졌고 그로 인해 에덴동산에서 쫓겨난 존재가 되고 말았어. 노아의 홍수 이후에 시날 평지에서 바벨탑을 쌓았던 사람들 역시 자신들의 이름을 내려고 했다가 하나님의 심판을 받았지. 그런데 나는 하나님께서 일방적으로 내 이름을 창대하게 해준다고 하시니 몸 둘 바를 몰랐어. 게다가 처음부터 하나님과 거의 동등한 위치에까지 세워 주셨다는 건 어떻게 설명할지 모르겠어. 그분은 스스로 높아지려는 인간은 낮추시고 스스로를 낮추는 인간은 높여 주신다네."

"원래 인간은 하나님과 동등한 수준의 특별한 권위를 부여 받았습니다. 인간은 그것도 모르고 오만방자해져서 스스로 하나님과 동등한 위치에 서려고 한 죄를 범했구요. 처음 하나님께서 천지를 창조하시고 각종 동물들을 지으셨는데 그 동물들의 이름은 아담이 붙이도록 하셨습니다. 전권을 위임하셨죠. 그래서 아담이 붙이는 이름이 곧 그 이름이 되었거든요. 심지어 하나님께서도 아담의 말에 따랐답니다. 아담이 코끼리라고 이름을 붙이면 하나님께서도 군말 없이 코끼리라고 부르셨어요. 아담 역시 처음부터 하나님께서 세상을 말씀으로 창조하신 것처럼 동물들의 이름을 붙여 주는 일을 통해서 말하는 대로 되는 세상을 경험한 겁니다. 단, 하나님은 창조주이시고 사람은 창조자인 것이지요. 그것만으로도 아담은 얼마든지 신나고 행복했을 텐데 왜 하나님의 자리에까지 오르려는 탐욕을 부렸을까요?"

"자네 말 듣고 보니 우리의 첫 조상 아담에게도 하나님의 권위만큼의 특별한 은총이 주어졌었구먼. 하나님은 참 신비로운 분이셔. 그리고 너무도 친절하신 분이고 말이야. 아담이 만족을 알았더라면 참 좋았을 텐데 말이야."

하나님께서 높여 주신 인간의 권위는 하나님의 의도였다. 성경에 등장하는 수많은 아버지들의 권위는 하나님의 지위와 동일하게 처리되었다. 출애굽한 이스라엘 백성이 받은 레위기 율법에는 투석재판법이라는 즉결 심판 세 가지가 있었다. 첫째는 신성모독죄였고 둘째는 현장에서 간음하다 붙잡힌 경우였고 셋째는 부모를 거역하는 자식에 대한 것이었다.

특히 가정에서 아버지의 권위는 하나님의 권위와 같았다. 아버지의 말이 곧 하나님의 말이기에 어떤 자식도 아버지의 말을 거역할 수 없었다. 동시에 아버지에겐 축복권이 있어 축복한 대로 이뤄졌다. 그래서 아버지는 어떤 경우에도 자식에게 부정적인 말을 하면 안 된다. '죽일 놈'이라는 말도 '주길놈'으로 바꿔야 한다. 주길놈은 주께서 길하게 할 놈이란 의미다.

현대사회는 권위가 무너졌다. 권위는 정신적 척추에 해당한다. 권위를 무시하면 정신적 무척추동물이 된다. 최근에 부쩍 늘어난 정신병리현상은 정신적 무척추동물이 늘어났기 때문이다. 그들에게 가장 좋은 처방은 권위의 회복이요 수직적 사고 체계이다. 종교는 절대 권위를 인정하고 그 권위에 순종하는 법을 배우는 가장 좋은 통로다. 신앙을 가진 사람의 행복지수가 비신앙인보다 높은 이유는 이것이다. 절대 권위를 인정하고 절대 복종의 삶을 추구하지만 그것이 굴종이나 불행을 말하지 않는다. 오히려 인간은 하나님이란 절대 권위를 인정하고 순종할 때 내면으로부터 더 큰 만족을 얻는 실존적 존재다.

**인터뷰 8.**

# 왜 롯은 아브라함에게 보험이었을까?

- "이에 아브람이 여호와의 말씀을 따라갔고 롯도 그와 함께 갔으며 아브람이 하란을 떠날 때에 칠십오 세였더라 아브람이 그의 아내 사래와 조카 롯과 하란에서 모은 모든 소유와 얻은 사람들을 이끌고 가나안 땅으로 가려고 떠나서 마침내 가나안 땅에 들어갔더라" **창 12:4-5**

"갈대아 우르를 떠날 때 조카 롯을 데리고 갔는데 보험용이었지요?"

"보험? 보험이라는 게 뭔가?"

아브라함에게 보험에 대한 설명을 했다. 현대사회에는 각종 보험 제도가 잘 되어 있어서 살아가는 데 큰 도움이 되고 있다고 알려 주었다. 무엇보다 보험은 불확실한 미래를 대비하는 보장 장치라는 것도 설명해 주었다. 그 설명을 할 때 아브라함은 고개를 끄덕였다.

"조카 롯은 나에게 보험이었네. 사실 하나님으로부터 부름을 받았을 때 내 나이 일흔다섯이었어. 그때까지 자식이 없었던 나로서는 후사가 꽤나 큰 걱정거리였지. 하나님은 나의 직계 자손이 하늘의 별처럼, 바닷가의 모래처럼 많을 거라고 하셨지만 눈에 보이는 그 무엇이 없을 땐 쉽게 믿을 수 있는 이야기가 아니었다네. 조카는 비상시에 나의 자식으로 간주될 가능성이 있었어. 적어도 내가 살던 시대에 자식이 없는 사람들은 조카를 자식으로 입양해서 대를 이어가거나 상속의 문제가 엮일 때 가장 가까운 친족 중에 조카들에게 재산을 물려주는 예도 적지 않았다네. 그러니 만약 나에게 자손이 없다면 나의 모든 재산을 조카인 롯에게 물려줄 계산을 했던 것이지."

"조카 롯을 보험으로 데리고 갔다는 말은 하나님의 약속을 전적으로 믿지 못했다는 뜻 아닌지요?"

"꼭 그렇게만 해석하진 말게. 사실 롯은 불쌍한 아이라 내가 거둬줘야 할 대상이기도 했다네. 왜냐하면 나는 삼형제의 맏형으로서 나홀과 하란이라는 동생이 있었는데, 롯의 아비 하란은 내 아버지 데라보다 먼저 갈대아 우르에서 죽었어. 일찍 아비를 잃은 조카를 누가 돌봐주어야겠나? 백부인 내가 살펴줘야지."

"그렇군요. 미안합니다. 아브라함 님이 인정이 많은 사람이었다는 것은 충분히 알고 있었는데, 듣고 보니 그렇겠다 싶네요. 그럼에도 제가 보험이라는 표현을 쓰는 것은 나중에 하나님께서 롯을 분리시켜 보내신 후에 약속을 재확인하는 것을 보았기 때문입니다."

"하나님은 그러셨지. 냉정하게 따져 보면 보험으로 표현할 만해. 그때의 나는 뭔가를 선뜻 결정하는 일이 부족했지. 막연한 그 무엇만 붙잡고 가기엔 현실적으로 보이는 게 너무 없었다네. 하나님이 정확한 장소를 말씀해 주시는 것도 아니고 '내가 네게 지시할 땅'이라는 막연하고 일방적인 말씀만 주신 데다 나는 거기가 어딘지도 전혀 모르는 상태였기 때문에 내심 불안감을 감출 수가 없었어. 그래서 나는 가지고 갈 수 있는 모든 것을 가지고 갔고, 종들까지 포함해 데리고 갈 수 있는 모든 사람은 다 데리고 떠났어."

아브라함이 갈대아 우르를 떠나 처음 도착한 곳은 세겜 땅 모레였다. 거기에는 이미 가나안 사람들이 거주하고 있었는데 도시 국가로서 꽤나 번성한 곳이었다. 모레라는 지명은 '점괘를 말해주는'이라는 뜻을 가지고 있다. 고대 도시 국가가 으레 그랬듯이 신탁에 의한 통치를 하고 있었고, 그곳 역시 신탁을 받기 위한 점괘를 얻으려는 풍습이 일반적인 문화였다. 그런 곳에서 유일신 하나님만을 섬기는 아브라함의 모습은 아주 이례적인 일이었다. 유일신 개념은 그 당시 그 도시 국가 사람들로서는 쉽게 받아들일 수 있는 것이 아니었다.

아브라함은 거기서 제단을 쌓았는데 제사를 드리는 곳이라기보다는 기도로 하나님과 교통하는 장소였다. 세겜 지역은 상수리나무가 많았는데, 그에게는 처음으로 온 가나안 땅이었기 때문에 제2의 고향과도 같았다. 아브라함이 이곳에 도착했을 때 무척 황당했을 것이다. 하나님이 주겠다고 약속하신 땅이라면 그 누구도 살지 않는 곳이어야 했다. 혹 누가 살고 있다 하더라도 오자마자 주인으로 행세할 수 있도록 해주셨어야 했다.

그런데 아브라함은 이 땅에 와서도 여전히 나그네의 신분이요 그저 별 볼 일 없는 이방인이며 듣도 보도 못한 여호와라는 유일신을 섬기는 사람이었으니, 가나안 사람들 입장에서는 아브라함은 그다지 달가운 존재가 아니었을 것이다.

2부 아브라함을 부르신 필연적 이유

게다가 아브라함이 자기 돈으로 산 자기 땅은 마므레 상수리나무가 있는 막벨라 굴이 전부였다. 약속을 믿고 움직였지만 아브라함은 희망과 좌절, 믿음과 의심, 하나님의 인도하심과 자신의 힘으로 행동해야 하는 것의 중간 지점에 자주 서야 했고 그때마다 뭔가를 확실히 결정해야 했다. 결정장애자 아브라함에게는 적지 않은 고통의 시간이었을 것이다.

하나님은 때때로 불투명하고 막연한 방식으로 역사하시는 경우가 있다. 행동주의 심리학에선 행동을 강화하려면 정기적 강화보다 간헐적 강화, 즉 예측하기 힘든 강화가 훨씬 더 큰 효과를 낸다고 말한다. 하나님은 간헐적 강화를 주로 사용하셨다. 이스라엘 백성을 애굽에서 빼내신 후에 40년 동안 광야 생활을 하게 하셨는데 그 광야에서 이스라엘 백성에겐 아무런 선택권이 없었다. 어쩌면 부르심은 선택권이 완전히 배제된 곳으로의 초대인지도 모르겠다.

그 백성들을 낮에는 구름 기둥으로 밤에는 불 기둥으로 인도하셨는데, 구름 기둥과 불 기둥이 움직이는 것은 이스라엘 백성이 즉시 짐을 꾸려 길을 떠나야 한다는 신호였다. 년이나 월, 주, 일의 정해진 기준이 없었다. 어떤 때는 며칠 만에 길을 떠나기도 했고 어떤 때는 몇 달이나 몇 년을 계속 머물기도 했다. 그래도 이스라엘 백성들에겐 어떤 선택권도 주어지지 않았다. 그저 하나님의 명령대로 하는 게 그 백성들의 운명이요 의무였다. 이스라엘 백성에게 광야는 하나님의 말씀에 전적으로 신뢰하고 순종하는 법을 배우는 학교였다.

광야 학교는 하나님만이 보험이 되는 곳이다. 그래서 하나님은 때때로 당신의 자녀들을 광야로 보내신다. 인간의 가능성이 배제된 곳, 생존의 가능성이 희박한 곳, 누구의 도움도 받을 수 없는 곳, 보장된 것이라곤 그 무엇도 없는 곳으로 말이다. 그런 상황 속에 있을 때 바라볼 곳이라곤 하나님밖에 없다. 그런데 놀랍게도 하나님만 바라볼 때 광야는 젖과 꿀이 흐르는 가나안 땅으로 변한다. 무에서 유를 창조하는 기적이 일어나 필요한 모든 것은 완벽하게 제공된다. 혹 인생을 살면서 광야로 내몰렸다면 그것이 하나님의 어떠한 특별한 의도가 있으신지 빨리 파악하고 거기서 전적으로 하나님만을 믿고 그 말씀에 순종하는 편이 지혜롭다. 그래야 시간 낭비, 에너지 낭비를 하지 않는다.

그것이 그분의 의도였음을 모세는 신명기를 통하여 재차 확인하고 있다.

"네 하나님 여호와께서 이 사십 년 동안에 네게 광야 길을 걷게 하신 것을 기억하라 이는 너를 낮추시며 너를 시험하사 네 마음이 어떠한지 그 명령을 지키는지 지키지 않는지 알려 하심이라 너를 낮추시며 너를 주리게 하시며 또 너도 알지 못하며 네 조상들도 알지 못하던 만나를 네게 먹이신 것은 사람이 떡으로만 사는 것이 아니요 여호와의 입에서 나오는 모든 말씀으로 사는 줄을 네가 알게 하려 하심이니라" 신 8:2-3

신명기는 영어로 'Deuteronomy'라고 하는데 두 번 반복해서 말했다는 뜻이다. 신명기는 모세가 죽기 전에 이스라엘 온 회중을 모아놓고 당부한 마지막 설교다. 성경을 번역할 때 왜 신명기라고 했을까? 차라리 명심기라고 했으면 얼마나 쉽게 마음에 와닿았을까?

2부 아브라함을 부르신 필연적 이유

아브라함은 어떤 정보도 주어지지 않은 상태에서 그저 무조건 일방적으로 떠나라는 말씀에 순종해야 했다. 하나님이 사람을 부르시는 방식은 그렇게 일방적이다. 따라서 종교에 귀의한다, 신을 섬긴다는 것은 내 생각, 내 감정, 내 판단을 완전히 배제하고 오로지 신의 뜻에만 따르겠다는 결심을 요구한다.

"그런데 말일세…."

아브라함이 잠시 말을 끊었다가 다시 말했다.

"그분은 계산이 아주 명확하시더군. 몇 번이고 나에게 자손에 관한 약속을 주셨는데, 롯을 완전히 떠나보낸 직후에야 그것을 재확인하시더라니까."

> "롯이 아브람을 떠난 후에 여호와께서 아브람에게 이르시되 너는 눈을 들어 너 있는 곳에서 북쪽과 남쪽 그리고 동쪽과 서쪽을 바라보라" 창 13:14

인간의 얄팍한 계산을 간파하신 하나님은 인간이 완전히 무력한 상태에 빠지도록 그냥 놔두신다. 그러다 인간의 입장에서 도무지 해결할 수 없는 상황에 놓일 때에야 비로소 역사하신다.

이것은 야곱에게도 그대로 적용된다. 야곱은 아주 계산적이고 얍삽한 사람이었다. 마침내 고향으로 돌아오던 야곱은 형 에서가 자기를 죽이려 400여 명의 사병을 이끌고 달려온다는 소식을 들었을 때 두려움에 떨었다. 우려했던 일이 현실로 다가오고 있으니 어떻게든 자기가 살 궁리를 해야 했다. 형의 분노를 누그러뜨리려고 일찌감치 뇌물을 보냈는데 효용이 없었다. 그리고 레아와 그의 소생들, 라헬과 그의 소생들 중 자기가 덜 아끼는 순으로 앞서 보내고 자기는 상황에 따라 행동하겠다며, 여차하면 자기만이라도 도망갈 대책을 세워 놓았다. 그곳이 얍복 강 나루였다. 그 상황에서 하나님의 사자와 밤새도록 씨름을 하였는데, 하나님의 사자가 야곱을 이기지 못하고 야곱의 환도뼈를 쳐 버렸다. 그 바람에 야곱의 대퇴부 환도뼈가 위골되어 여차하면 달아나겠다는 야곱의 계산마저 완전히 물거품이 되었다. 이제는 꼼짝 못하고 에서의 손에 죽을 수밖에 없는 운명에 처해졌다. 이제 야곱에게 남은 보험은 하나님뿐이었다.

그런데 놀랍게도 거기서 하나님의 사자는 야곱의 이름을 이스라엘 즉, 하나님과 겨루어 이겼다는 뜻의 이름으로 바꾼다. 이것은 야곱이 자신의 유일한 보험인 하나님을 붙잡았다는 의미다. 정말 기적이 일어났다. 자기를 죽이러 오던 에서의 태도가 돌변했다. 이산가족 상봉 장면처럼 동생 야곱을 얼싸안으며 못다한 형제의 정을 눈물로 나누었다.

전적으로 하나님의 역사였다. 야곱의 위대함도 아니었고 야곱의 얄팍한 계산도 아니었다. 야곱이 할 수 있는 것이라곤 아무것도 없는 바로 그때, 하나님이 역사하셨다. 하나님 앞에서 자신의 무력을 인정해야 비로소 그분이 역사하신다. 내 계산, 내 얄팍한 수완이 앞서 있는 한 하나님은 팔짱끼고 침묵하시는 분이다.

야곱은 또 한 번의 그런 상황을 맞는다. 딸 디나의 사건이다. 고향으로 돌아오는 과정에서 세겜 성 앞에 진을 친다. 세겜 성 구경을 갔던 딸 디나가 세겜 성 추장 하몰의 아들 세겜에게 겁탈을 당한다. 이에 분개한 디나의 오빠 시므온과 레위는 할례를 빌미로 삼아 그 성의 남자들을 죄다 도륙한다. 그 당시는 인근의 도시 국가들끼리 동맹이 형성되어 있으므로 그 행위는 세겜 성 주변 도시 국가들의 응징을 받게 되었다는 뜻이었고, 이제 야곱은 꼼짝 없이 죽게 되었다는 뜻이었다.

> "야곱이 시므온과 레위에게 이르되 너희가 내게 화를 끼쳐 나로 하여금 이 땅의 주민 곧 가나안 족속과 브리스 족속에게 악취를 내게 하였도다 나는 수가 적은즉 그들이 모여 나를 치고 나를 죽이니 그러면 나와 내 집이 멸망하리라" 창 34:30

야곱은 절망과 두려움에 빠졌다. 야곱의 표현처럼 숫자가 적은 야곱은 연합군의 상대가 되지 않았다. 전쟁이라는 표현을 쓸 것도 없이 한 방에 나가떨어질 상황이 되었다. 야곱의 능력으로는 어떻게 할 도리가 없었다. 물론 그것은 야곱의 아들들이 분노를 이기지 못한 경솔한 행동이었고 명백한 실수였다. 그러나 이 상황은 하나님이 개입하셔서 정리하신다.

> "그들이 떠났으나 하나님이 그 사면 고을들로 크게 두려워하게 하셨으므로 야곱의 아들들을 추격하는 자가 없었더라" 창 35:5

사실, 야곱은 스스로 마련한 보험이 소용없었고 자식들이 저질러 놓은 일로 인한 생명의 위협도 피할 수 없었다. 그런데 하나님께서 직접 해결해 주셨다. 아브라함과 이삭에게도 그러셨던 것처럼 하나님께서 함께 하시면 어떤 어려운 문제도 해결된다. 어떤 강한 적도 물리칠 수 있다. 심지어 나의 약점으로 인해 발생한 심각한 문제조차도 해결해 주신다. 그분이야말로 나의 완벽한 보험이다. 그러기에 믿음만한 보험은 없다. 야곱이 허무하게 망하지 않도록 하신 것은 조상 아브라함과의 약속을 이행하기 위함이었다. 신실하신 하나님은 무슨 일이 있어도 언약 백성을 지키시고 인도하신다.

**인터뷰 9.**

# 왜 아브라함은 가나안에 오자마자 실수부터 했나?

● "먼저 질문을 하기 전에 양해를 구합니다. 많이 기분 나쁠 수도 있는 질문이거든요. 제가 성경을 읽어 보니 아브라함 님은 참 비겁한 사람이었습니다. 거기에 대해 어떻게 생각하시는지요?"

나는 혹시라도 아브라함이 기분 나빠할까 봐 조심스럽게 말문을 열었다. 기우에 불과했다. 아브라함은 호탕하게 한바탕 껄껄껄 웃고 난 후 웃음 띤 얼굴로 말했다.

"허허! 들통났구먼. 자네 눈에도 그게 보이던가?"

"아무렴요. 아주 소심한 겁쟁이였던걸요?"

"맞아 맞아. 나는 정말 그런 사람이었네."

아브라함이 쿨하게 자신을 인정하고 나오니 나도 한결 마음이 편했다. 사실 자신을 인정하기란 쉬운 일이 아니다. 상담 현장에서 수많은 사람들을 만나 보았는데, 자신의 문제를 인정하지 못하는 것 때문에 자신과 주변 사람들을 엄청 힘들게 하는 사람들이 부지기

수였다. 자신의 문제를 인정하지 않으니 배우자나 주변 환경을 탓할 수밖에 없다. 그러니 그와 관계하는 사람은 다 힘들어하는데 당사자만 그것을 모른다. 그렇게 보면 결국 불행은 무지에서 온다. 반대로 자신을 인정하는 사람은 문제 해결은 물론 이전과 다른 차원의 삶으로 우뚝 올라선다.

남자들의 비겁함은 인류 최초의 인간 아담으로부터 시작된다. 아담은 비겁한 남자였다. 그리고 피조물인 인간으로서 감히 하나님의 자리를 넘보려는 탐욕을 가졌던 사람이었다. 게다가 자기중심적이고 독선적인 사람이었다. 어떤 심리학자는 그가 최초의 인간이었으니 그에겐 부모가 없었고 부모 역할을 본 적이 없었기 때문이라고 해석한다.

나도 꽤 심각한 결정장애자라 아이들이 성인이 될 때까지 아버지 역할을 제대로 하지 못했다. 무식하게 학대하거나 방임 방치하는 사람은 아니었지만 보다 적극적으로 아이들에게 사랑과 관심을 쏟아주진 못했다. 그래서 성인이 되었을 때 자기 분야를 찾아가고 아주 탁월한 존재가 되도록 하는 안내자(guider) 역할을 제대로 못했다. 아이들을 볼 때면 그 부분이 못내 미안해진다. 그리고 간간이 탁월한 자녀들을 둔 다른 부모들을 보면 부럽기도 하고 내가 더 한심하게 느껴진다. 무관심은 비겁함의 또 다른 이름이기도 하다. 내가 적극적인 부모 역할에 선뜻 나서는 주체가 되지 못한 것은 그런 이유였다.

언젠가 나이 쉰을 넘기면서 내가 살아온 인생의 태도가 회색분자였다는 것을 깨닫고 그 사실에 스스로 놀란 적이 있다. 받아들이긴

2부 아브라함을 부르신 필연적 이유

싫었지만 인정할 수밖에 없었다. 살아왔던 모든 여정을 되돌아보아도, 지금 살고 있는 모습을 보아도 영락없이 회색분자였다. 회색분자는 결정장애자의 다른 이름일 뿐이었다.

하나님께서 택한 백성인 이스라엘도 결정장애자의 속성을 그대로 가지고 있었다. 그들은 하나님의 강한 손과 편 팔을 통해 끝내 애굽을 탈출하여 자유를 얻었다. 홍해가 갈라지는 기적과 하늘에서 만나와 메추라기를 통해 먹이시는 기적을 경험하였다. 광야를 지나는 동안 구름 기둥과 불 기둥으로 인도를 받았다. 세월이 지나도 옷이 해어지지 않고 발이 부르트지 않는 기적을 체험하였다.

그럼에도 그들은 늘 하나님을 거역하고 입만 열면 불평했다. 원망과 불평은 불신의 전형적인 표현이다. 모세의 후계자 여호수아도 그런 백성들의 특성을 간파하고는 죽기 전에 신신당부하며 자신의 의지를 명백히 하였다.

> "그러므로 이제는 여호와를 경외하며 온전함과 진실함으로 그를 섬기라 너희의 조상들이 강 저쪽과 애굽에서 섬기던 신들을 치워 버리고 여호와만 섬기라 만일 여호와를 섬기는 것이 너희에게 좋지 않게 보이거든 너희 조상들이 강 저쪽에서 섬기던 신들이든지 또는 너희가 거주하는 땅에 있는 아모리 족속의 신들이든지 너희가 섬길 자를 오늘 택하라 오직 나와 내 집은 여호와를 섬기겠노라 하니" 수 24:14-15

또 북왕국 이스라엘의 왕 아합 시대에 바알과 아세라를 섬기는 제사장들과의 850대 1의 영적 싸움에서 승리한 엘리야 역시 집단 결정장애에 걸린 이스라엘 백성들을 향해서 엄히 꾸중한다.

"아합이 이에 이스라엘의 모든 자손에게로 사람을 보내 선지자들을 갈멜 산으로 모으니라 엘리야가 모든 백성에게 가까이 나아가 이르되 너희가 어느 때까지 둘 사이에서 머뭇머뭇 하려느냐 여호와가 만일 하나님이면 그를 따르고 바알이 만일 하나님이면 그를 따를지니라 하니 백성이 말 한마디도 대답하지 아니하는지라" **왕상 18:20-21**

엘리야 외에도 수많은 선지자들은 하나님이 집단 결정장애에 걸린 이스라엘에게 보낸 사람들이었다. 하나님은 선지자들을 보내 백성들로 하여금 우상을 버리고 하나님만을 온전히 섬길 것을 촉구하였다. 선지자가 많았다는 말은 백성들이 계속 불순종했다는 뜻이다. 이스라엘 민족의 역사는 불순종의 역사요 거역의 역사요 지독히도 말 듣는 백성의 민낯이다.

**인터뷰 10.**

# 왜 아브라함에게 가나안은 사기에 해당했나?

● "오늘 인터뷰가 아무래도 듣기에 거북할 만한 질문이 많을 수밖에 없어 양해를 구합니다. 갈대아 우르를 떠나 가나안 땅으로 오셨는데, 어찌 보면 일종의 사기라고 느끼지 않았을까 싶거든요. 어떻게 생각하십니까?"

"허허. 자네가 사기라는 단어를 쓰니 오히려 내가 말하기 훨씬 편한걸? 자넨 어떻게 내 마음을 그렇게 잘 아는가? 참 신기하네. 진짜 맨 처음 가나안 땅에 도착했을 때 첫 느낌은 '어라? 이거 완전 사기 아니야?'였다네. 가나안 땅엔 이미 가나안 족속이 살고 있는 데다 나는 완전 이방인이었지. 하나님께서는 바로 그 땅을 나와 내 후손에게 주겠다 말씀을 하셨지만 이미 살고 있는 가나안 사람들을 왜 쫓아낸단 말인가? 설령 쫓아낸다고 한들 그때의 나는 그네들과 비교해 보면 너무 작고 약해서 쫓아내기는커녕 쫓겨나지 않을까를 걱정해야 했지."

"아브라함 님은 가나안이 아무도 살지 않는 땅이면서 초목이 무성하고 개천이 흘러 목초지로서의 여건을 완벽하게 갖춘 곳이라 생각했단 말씀이죠?"

"그렇지. 그런데 도착하고 보니 기후도 엉망이더군. 비가 별로 오지 않는 사막성 기후라 기근이 들면 꼼짝 없이 굶어 죽을 수밖에 없는 그런 땅이었어. 나는 적잖이 실망했다네. 적어도 하나님께서 특별히 지시하신 곳이라면 내가 살았던 갈대아 우르보다는 좋은 땅이어야 하지 않은가? 그런데 내가 막상 도착한 가나안 땅은 갈대아 우르에 비하면 아주 형편없었다네."

"그 때문에 하나님으로부터 사기를 당했다고 느낀 거죠?"

"정말이지 완벽한 사기지. 하나님이란 분의 속성을 의심해 보지 않을 수 없었다네. 자네였더라도 갈대아 우르보다 형편없는 곳이라면 사기 당했다고 느끼지 않았겠나?"

"그랬겠죠. 그런데 왜 하나님은 사기를 치셨을까요?"

"그때의 나로서는 이해할 수 없는 점이었어. 그건 지금 시점에서야 비로소 그 큰 뜻을 알 수 있게 되었다네. 또 내겐 친구 욥이라고 있는데 그 친구를 만나 많은 이야기를 나누면서 하나님이란 분에 대해서 좀 더 많은 정보를 얻게 되었지. 그 친구를 만난 후에 통합이 되었다고나 할까? 정리된 느낌이었지. 내가 내 친구 욥을 만난 이야기는 꽤 기니 나중에 이야기하세나."

"네. 그렇게 하지요. 오늘 놀라운 사실을 하나 알았습니다. 아브라함 님이 욥과 친구라는 것 말입니다. 욥의 이야기는 나중에 말씀하신다니 그때 듣겠습니다. 그런데 사실, 저는 아브라함 님의 입장이 이해가 됩니다. 상담사의 직업병(?)이 발동되어서 그런지는 모르겠지만 사기를 당한 느낌이었다는 말이 전적으로 이해됩니다."

"내가 사기라고 생각할 수밖에 없었던 것은 가나안 땅의 외부 환경이 갈대아 우르보다 못하다는 것도 있었겠지만 무엇보다 그 땅에 기근이 들었다는 것이었네. 갈대아 우르에서는 기근이라곤 겪어 보지 않았는데 가나안 땅에 오자마자 기근을 만났으니 얼마나 황당했는지 몰라. 처음 겪는 일이라 난 정말 뭘 어떻게 해야 할지 갈피를 잡을 수가 없었어. 내가 태어난 갈대아 우르는 늪과 연못이 많고 티그리스 강과 유프라테스라는 큰 강이 두 개나 있어서 강에서 일어나는 홍수나 페르시아만의 높은 조수로 인하여 일찍부터 간척, 배수, 관개 등의 토목 공사가 발달했던 곳이었어. 농사를 짓는데 물이 부족해서 농사를 망친다든지 홍수가 나서 농사를 망치는 일 같은 건 없었거든. 그 덕분에 큰 도시가 만들어질 수 있었지. 먹는 문제가 해결되지 않는 곳에선 큰 도시가 만들어질 수 없다는 것쯤은 자네도 알 것 아닌가?"

"그럼요. 수렵과 채집으로 살던 인류가 농업 혁명을 기반으로 도시를 형성하게 된 건 알고 있습니다. 기근이라곤 한 번도 겪어 보지 못했는데 가나안 땅에 도착하자마다 기근을 만났을 땐 얼마나 당황했을까요? 또 하나님이 왜 이따위 형편없는 땅으로 오라고 하셨는지 의아했을 것 같네요."

아브라함이 태어나고 자란 갈대아 우르는 어떤 곳이었을까? 우르는 달을 섬기는 성소와 바벨탑과 비슷한 계단식 탑인 지구라트가 많은 곳이었다. 갈대아 우르는 그 당시로서는 최첨단 문명지역임과 동시에 우상숭배가 가장 극심한 곳이었다. 첨단 과학 문명이 가장 발달한 곳이면서 돈을 섬기는 맘몬주의가 극에 달한 오늘날과 다를 바 없었다. 일부 학자들은 갈대아 우르의 지정학적 위치는 지금의 이라크 지역인 텔 엘 무카이야르로 추정한다. 그 당시 세계 최고의 문명지역인 메소포타미아 남부에 위치한 수메르와 바벨론의 대도시들 가운데 하나였을 것이다. 수메르는 티그리스와 유프라테스 두 강으로 형성된 지방이며 B.C. 5000년 무렵부터 농경민이 정착하기 시작했다. 수메르 사람들은 두 강의 중상류 지역 또는 엘람 지방에서 이주하여 온 것으로 보인다. 그리고 B.C. 3000년경 당시로선 세계 최고의 문명을 창조했다.

정치 형태도 꽤 발달해 인간의 평등을 실현하는 공동체를 이루고 살았다. 일반 시민의 성년 남자로 구성되는 민회(民會)와 씨족장들의 장로회가 민주적으로 운영되었던 것으로 보인다. 전쟁처럼 도시의 사활과 직결되는 상황에서는 일시적으로 도시의 전권을 위임받는 왕이 선출되어 나라를 통치했다고 전해진다. 그런데 초기 왕조 시대에는 500년간 각 도시 국가가 난립하여 서로 싸움을 벌였다. 이때 도시는 신의 소유라고 생각하여 성벽으로 둘러싸인 신전을 중심으로 한 중심 지역과 주위의 농경지로 이루어져 있었다.

도시에서는 정치, 경제, 군사, 생활 등이 모두 신전을 중심으로 이루어졌다. 당시의 나라는 신전 공동체 또는 신전 국가라고 할 수 있을 정도였다. 초기 왕조 시대에 우루크, 우르, 키시, 니푸르 등의 유력한 도시 국가가 서로 주도권을 장악하기 위해 패권을 다투었다. 수메르 문화는 세계 최고의 문명으로 오리엔트 역사에 많은 공적을 남겼다. 그들이 그림 문자로부터 발전시킨 독특한 설형 문자는 고대 오리엔트에서 널리 사용되었다. 또한 12진법과 태음력을 사용하였고, '수메르 법'이라는 법전도 만들어 높은 문화적 발전을 과시했다.

우르는 일찍부터 지형 특성상 무역이 크게 번성하였다. 수메르에서는 점토 이외의 원료가 산출되지 않아 석재나 광석, 귀금속은 모두 무역에 의존할 수밖에 없었다. 따라서 일찍부터 동쪽은 인더스 유역, 서쪽은 아나톨리아, 시리아, 애굽 등과 원격지 무역을 시도했다. 또한 그 무역을 통하여 수메르 문명은 오리엔트 각지로 전파되었다. 수메르는 역사의 부침을 거듭하다가 한때 다시 번영하여 우르 제3왕조를 일으켰으나 결국 동방 엘람인의 침입으로 멸망하였다. 그리하여 수메르는 셈족에게 동화되었고, 이후 수메르는 역사의 무대에서 사라지게 되었다.

아브라함의 가나안 이주는, 서울 강남 한복판에서 잘 살고 있던 사람한테 어느 날 하나님이 특별한 땅으로 가라고 하시기에 그 말을 믿고 따라 나섰는데, 막상 도착하고 보니 강원도 오지인 동막골이었다는 말과 같다. 2005년 개봉된 영화 〈웰컴 투 동막골〉을 보면 6·25 전쟁이 터졌는데도 워낙 오지라 거기 사는 사람은 38선이 그어져 남과 북이 갈라졌다는 것도, 북한군이 쳐들어왔다는 것도, 미군이 한국군을 도와주고 있다는 것도 전혀 모르고 있었다. 그런 오지에선 겨우 죽지 않을 만큼 자급자족을 하는데 그마저도 흉년이 들면 대책이 없다.

"나는 족장으로서 나에게 딸린 가족들과 종들, 가축들까지 먹여 살려야 하는 책임이 있었기에 어떻게든 대책을 세워야 했지. 그대로 있다간 딱 굶어 죽기 십상이었으니까. 난 솔직히 이런 마음까지 들었다네. '갈대아 우르에 매장지가 없어서 나를 이곳 가나안 땅까지 오게 하여 죽게 하시는 걸까?'라고 말일세."

나는 아브라함의 말을 들으면서 출애굽한 이스라엘 백성이 모세에게 원망했던 불평을 떠올렸다. 애굽에 내리시는 열 가지 재앙을 통해 하나님의 위대하심을 보았고, 마침내 장자를 잃은 애굽 왕과 백성들이 급하게 쫓아낸 까닭에 미처 발효되지 않은 빵 반죽을 들고 애굽을 탈출했다. 그런데 막상 애굽을 떠나고 보니 눈앞에 홍해라는 난관이 가로막혀 있었다. 설상가상 그들을 순순히 보내 준 줄 알았던 바로가 당시 세계 최강 철병거 부대를 이끌고 추격해 오고 있지 않은가? 뽀얗게 일어나는 흙먼지의 규모로 볼 때 엄청난 숫자였다. 이스라엘에는 훈련된 군사가 한 명도 없으니 그들을 막을 방법이란 전무했고 꼼짝없이 그들의 칼날에 죽게 된 상황이었다. 그러자 그들은 곧 불평하기 시작했다.

> "그들이 또 모세에게 이르되 애굽에 매장지가 없어서 당신이 우리를 이끌어 내어 이 광야에서 죽게 하느냐 어찌하여 당신이 우리를 애굽에서 이끌어 내어 우리에게 이같이 하느냐 우리가 애굽에서 당신에게 이른 말이 이것이 아니냐 이르기를 우리를 내버려 두라 우리가 애굽 사람을 섬길 것이라 하지 아니하더냐 애굽 사람을 섬기는 것이 광야에서 죽는 것보다 낫겠노라" 출 14:11-12

그러나 하나님은 기적을 보여 주셨다. 구름 기둥과 불 기둥을 통해 더 이상 애굽 군대가 추격해 오지 못하도록 하는 동안, 홍해를 가르고 마른 땅을 밟고 건너게 하셨다. 그렇게 이스라엘 백성들은 또 한 번의 기적을 경험하였다. 게다가 그들을 위협하던 애굽의 군대는 홍해에 수장되어 추격해 올 수도 없었다. 그런데도 그들은 채

3일도 못 가 또 다시 불평과 원망을 시작하였다. 마라의 쓴물 사건이었다. 거기서 하나님은 마라의 쓴물을 단물로 바꿔 주셨다. 그로부터 두 달이 지났을 때 불평은 또 터져 나왔다.

> "이스라엘 자손의 온 회중이 엘림에서 떠나 엘림과 시내 산 사이에 있는 신 광야에 이르니 애굽에서 나온 후 둘째 달 십오일이라 이스라엘 자손 온 회중이 그 광야에서 모세와 아론을 원망하여 이스라엘 자손이 그들에게 이르되 우리가 애굽 땅에서 고기 가마 곁에 앉아 있던 때와 떡을 배불리 먹던 때에 여호와의 손에 죽었더라면 좋았을 것을 너희가 이 광야로 우리를 인도해 내어 이 온 회중이 주려 죽게 하는도다" 출 16:1-3

하긴, 그 백성들의 불평은 어느 정도 일리가 있다. 그들 역시 하나님의 부르심을 받은 모세의 인도를 따라 홍해를 건넜을 때 완전 사기극의 피해자가 되었다는 느낌을 지울 수 없었을 것이다. 홍해를 건넜으니 애굽으로는 절대 돌아갈 수 없을 텐데 홍해를 건너 간 곳은 젖과 꿀이 흐르는 땅이 아니라 누구도 살 수 없는 광야였으니 말이다. 초목이 무성한 곳도 아니었고 먹을 물이 풍성한 곳도 아니었고 기후가 좋은 곳도 아니었다. 농사를 지으며 정착할 만한 곳도 아니었다. 정말 아무것도 없는 곳이었다. 어떤 자구책도 통하지 않는 곳이었다. 나중에 도착한 가나안 땅도 별반 다르지 않았다. 그런데 인간 눈에는 어떤 대책도 세울 수 없어 하나님만 바라보아야 하는 곳, 바로 그곳이 하나님께서 의도하신 가나안 땅이란 것을 그들은 깨닫지 못했다.

이스라엘의 첫 조상 아브라함에게도 마찬가지였다. 아브라함의 가나안 이주는 세상의 그 어떤 것도 보장되지 않는 환경으로의 초대였다. 거기에서 하나님만이 대책이요 보장이란 것을 온전히 신뢰하도록 하기 위함이었다. 그러나 초창기 아브라함은 그 정도의 믿음을 갖지 못했으니 당장 닥친 눈앞의 현실, 긴급한 일의 횡포에 당할 수밖에 없었다.

결국 아브라함은 애굽으로 가는 자구책을 내놓았다. 차마 고향 갈대아 우르로는 자존심이 상해서 되돌아가지 못했을 것이다. 고향을 떠날 땐 의기양양하게 떠났던 그가 고향으로 다시 돌아간다면 사람들 눈에 실패한 사람, 패잔병의 모습으로 비춰질 것이었다. 그래서 누구도 자기를 모르는 애굽으로 떠난다. 애굽 역시 세계 4대 문명의 발상지답게 그 당대 최고의 국가였다. 애굽은 주기적으로 나일강이 범람하는 곳이라 관개가 잘 발달되어 있었고 비옥한 토지 덕분에 농업 생산량도 넉넉해서 큰 도시를 형성할 수 있어, 일찍 국가의 기틀을 마련하였다. 그 덕분에 다른 지역에서는 기근으로 인해 죽는 일이 생기더라도 애굽에서만큼은 그런 일이 별로 없었다.

3부

# 아브라함의 치유 과정

아브라함은 기준치 미달의 사람이었다. 그러나 하나님은 처음부터 높은 수준을 요구하지 않으셨다. 그의 수준에 맞는 눈높이 교육을 시키셨다. 그리하여 아브라함의 믿음은 마침내 하나님이 원하시는 목표점에 도달하였다. 그렇다면 하나님은 어떤 방식으로 아브라함에게 눈높이 교육을 하셨을까?

**인터뷰 11.**

# 왜 사라는 아브라함보다 일찍 죽었나?

● "아내 사라 님과는 열 살 차이가 나는 걸로 알고 있습니다. 대단한 미인이었지요? 환갑이 넘은 나이에도 뭇 사람들의 시선을 한몸에 받을 만큼 말이죠. 그런데 열 살이나 어린 사람이 왜 더 일찍 세상을 떠났을까요?"

"그러게 말일세. 나이가 들어가는 남자에게 세 가지 악재가 있는데, 자식이 먼저 세상을 떠나는 것, 아내가 세상을 먼저 떠나는 것, 그리고 나이 들었는데 돈이 없는 것이라네. 나는 자식도 있고 돈도 있지만 아내가 없는 홀아비가 되었지. 내 인생에 아내는 나의 전부였어. 그런 여자를 만난 건 정말 큰 행운이었지."

"믿음의 조상이라는 차원에서야 어떨지 모르겠지만, 아브라함 님이 남편감으로는 어떻다고 생각하시나요? 괜찮은 남편이었는지요, 아니면 기준치 미달의 남편이었나요?"

"기준치 미달이었지. 미달이라도 한참 미달이야. 아마 사라는 나라는 남자랑 살면서 속이 수십 번, 수백 번, 아니 수천 번 뒤집어졌을 게야. 입장을 바꿔 놓고 생각해 봐도 나는 남편으로서는 정말 자격 미달이었거든. 여자의 마음도 몰라주고 죽을 때까지 이기적이었어. 사라가 죽고 난 이후에야 깨닫게 되었지. 그녀가 나에게 얼마나 큰 존재였고 얼마나 착한 여자였는지를 말이야. 그녀의 자리가 얼마나 컸는지 새록새록 느끼고 있다네. 남자는 아내보다 먼저 죽어야 해. 그래야 그 마지막 순간을 아내가 챙겨줄 수 있거든.”

나는 아브라함의 말을 들으면서 바이브의 〈마누라〉라는 노래를 나지막한 목소리로 불렀다.

> 내가 당신에게 바라는 것은 오직 이거 하나뿐이라오
> 지난 세월 그대 아프게 한 날 용서해 주오 오직 이거 하나뿐이라오
> 내가 당신에게 원하는 것은 오직 이거 하나뿐이라오
> 지난 세월처럼 변함없이 함께하는 맘 오직 이거 하나뿐이라오
> 마누라 마누라 평생 고생 많았소 미우나 고우나 나는 당신뿐이요
> 죽어도 살아도 평생 함께하겠소 마누라 마누라 내 마누라

노래를 듣는 아브라함은 내내 눈물을 훔쳤다. 내친 김에 2절도 불렀다.

> 내가 당신에게 원하는 것은 오직 이거 하나뿐이라오
> 남은 세월 지나 그대 곁에 나 눈 감는 날 오직 그대 내게 있어 주오
> 마누라 마누라 평생 고생 많았소 미우나 고우나 나는 당신뿐이요
> 죽어도 살아도 평생 함께하겠소 감사하고 감사하오 미안하고

미안하오
사랑하고 사랑하오 그대 오직 그대만을 사랑하겠소
이 못난 날 만나서 정말 고생 많았소 평생을 살면서 이 말 한 번 못 했구려
사랑하고 사랑하고 죽도록 사랑하오 마누라 마누라 내 마누라

모든 남자들의 무의식 속엔 자기 아내가 마치 엄마처럼 자기를 끝까지 지켜 주고 안아 주는 주체이길 바란다. 심리학의 아버지 프로이트는 이것을 모태회귀본능이라고 설명했다. 여자도 예외는 아니겠지만 이 특성은 남자들에게 더 많다. 아브라함의 눈물은 그런 아내가 곁에 없는 것에 대한 복합적인 감정의 표출일 것이다. 눈물을 닦아낸 아브라함이 말했다.

"나는 하나님을 전적으로 믿지 못했어. 내가 하나님을 믿지 못하는 시간이 길어질수록 가장 큰 피해를 입은 사람이 바로 사라였어. 하나님은 나의 씨를 통한 민족의 형성을 말씀하셨는데 나는 그만한 그릇이 못 되었던 것이지. 결국 제대로 믿지 못하고, 제대로 용단을 못 내리는 나의 우유부단함 때문에 사라를 피해자로 만든 것이야. 모르긴 몰라도 사라가 나 같은 남자가 아니라 결단력과 실행력이 강한 남자를 만났더라면 그 남자보다 더 오래 살았을 거야."

"남편감으론 많이 부족했다는 것을 인정하시니 딱히 할 말이 없네요."

"사실이니까. 나는 비겁하고 조잔하고 치사했어. 가나안 땅에 도착했을 때 그 땅에 기근이 아주 심했지. 나로서는 이러다간 다 죽겠다는 위기감이 생기더라고. 그때 하나님을 전적으로 믿었어야 했는

데, 나의 믿음이 완전히 바닥 수준이었을 때니 하나님을 생각하기보다 당장 발등의 불부터 꺼야 할 상황이었다네. 결국 애굽행을 선택했어. 그런데, 그런데 말이야, 나는 정말 절대로 사라에게 하지 말아야 할 짓을 하고 말았어. 내 평생을 통틀어 정말 지울 수만 있다면 지우고픈 역사라네."

"애굽으로 내려갈 때 기도하지 않으셨죠?"

"그래 맞아. 그게 명백한 내 실수였지. 나를 그곳으로 오게 하셨다면 하나님께서 책임지셔야 할 것 아니냐고 담대하게 말했어야 했어. 아니면 적어도 나를 부르신 하나님이 나를 죽게야 하시겠나 하는 생각을 했어야 했지. 그런데 나는 나의 운명을 하나님께 맡기기보다 애굽에 맡기기로 선택한 거라네. 결정을 제대로 못했던 것이지. 참다운 결정을 내렸어야 하는데, 나는 그러지 못했어. 나는 늘 뭔가를 결정하는 일에 서툴고 굼뜨고 불확실했다네."

"애굽으로 내려가셨을 때 엄청난 겁쟁이에 치사한 남자로 비춰지던데요?"

"왜 아니겠는가? 내 아내 사라는 아리따운 여자였어. 내려가는 도중에는 차마 말 못하고 애굽에 거의 다다랐을 때 내가 아내 사라에게 조심스럽게 말했어. '당신은 아리따운 여자인데, 애굽 사람이 볼 때 당신을 나의 아내라고 하면 나를 죽이고 당신을 빼앗을 거야. 그러니 애굽에 가면 나의 누이라고 말해. 그러면 내가 당신 덕분에 목숨이 보존될 거야'라고 했어. 그 말을 들은 사라의 표정이 어땠는지 아나? 사람이 너무 황당한 일을 겪으면 온몸의 감각이 다 마비된다는데 사라도 한동안 망부석처럼 서 있더군. 망연자실했겠지. 그러고는 한참 후에 그렇게 하겠노라 하더군. 사라는 남편의 말에 순종하는 정말 착한 여인이었어."

나는 이른바 착한 사람들이 마음에 상처를 더 많이 받는다는 것을 상담을 통해서 수없이 보았다. 사라는 정말 큰 상처를 받았을 것이다. 애굽에서 남편이 자기를 팔아먹은 일로 남편에 대한 신뢰가 왕창 무너졌을 것이다. 요즘 말로 각색해 보면 이렇다. 어떤 부부가 어스름한 골목길을 걸어가고 있다. 그런데 갑자기 동네 양아치들이 나타나 부부를 에워싼다. 그때 남편이 자기 아내더러 양아치와 동침을 해서라도 이 상황을 해결하라고 등을 떠민다. 그럴 상황이면 "여보! 내 뒤로 숨어"라고 하든지, "여보, 내가 무슨 일이 있어도 당신을 보호할 테니 걱정 하지 마"라고 단호하고 용기 있는 태도로 맞서야 한다. 그런데 이 남자는 겁에 질려 오줌까지 지리며 마누라를 팔아 자기만 살겠단다.

하나님 입장에서도 기가 막히셨을 것이다. 제2의 창조를 위해 선택한 사람, 하나님의 말씀에 절대순종을 하는 믿음의 조상으로 부른 사람의 첫 행보가 이런 모양새라니 얼마나 한심했을까?

**인터뷰 12.**
# 왜 하나님은 꼭 딜레마 상황일 때라야 개입하시나?

● "그런데 왜 하나님께서는 애굽으로 내려가는 것을 그냥 관망하셨을까요? 애굽으로 내려가기 전에 미리 나타나셔서 막을 수도 있으셨을 텐데 말이죠. 꿈을 통해서도 말씀하셨고, 여러 가지 방식으로 현현하실 수 있는 분이었잖아요? 나중에 아들 이삭 때도 기근이 드는데 이삭 역시 애굽으로 가려고 생각했을 때는 하나님이 미리 막으셨거든요."

"아브라함 때에 첫 흉년이 들었더니 그 땅에 또 흉년이 들매 이삭이 그랄로 가서 블레셋 왕 아비멜렉에게 이르렀더니 여호와께서 이삭에게 나타나 이르시되 애굽으로 내려가지 말고 내가 네게 지시하는 땅에 거주하라 이 땅에 거류하면 내가 너와 함께 있어 네게 복을 주고 내가 이 모든 땅을 너와 네 자손에게 주리라 내가 네 아버지 아브라함에게 맹세한 것을 이루어 네 자손을 하늘의 별과 같이 번성하게 하며 이 모든

3부 아브라함의 치유 과정

땅을 네 자손에게 주리니 네 자손으로 말미암아 천하 만민이 복을 받으리라 이는 아브라함이 내 말을 순종하고 내 명령과 내 계명과 내 율례와 내 법도를 지켰음이라 하시니라" **창 26:1-5**

"내 아들 이삭 때는 하나님이 미리 막아 주셨단 말인가? 나에게도 그러셨다면 좋았을 텐데…. 내 수준이 그렇게 형편없다는 것을 아셨다면 미리 방지하셨을 수도 있었을 텐데 왜 나에겐 침묵하셨을까?"

가나안 땅에 입성하자마자 기근을 만난 아브라함은 살길을 찾아 애굽으로 내려갔고 그 일로 남자로서의 자존심을 왕창 구긴다. 아내를 팔아서 자기 목숨을 부지한 남자가 되고 만 것이다. 사라의 미모가 자신에게 도리어 위협이 된다는 것에 지레 겁을 먹었다. 실제로 애굽에 도착했을 때 애굽 사람들은 사라의 미모에 찬사를 보냈다.

"아브람이 애굽에 이르렀을 때에 애굽 사람들이 그 여인이 심히 아리따움을 보았고 바로의 고관들도 그를 보고 바로 앞에서 칭찬하므로 그 여인을 바로의 궁으로 이끌어들인지라 이에 바로가 그로 말미암아 아브람을 후대하므로 아브람이 양과 소와 노비와 암수 나귀와 낙타를 얻었더라" **창 12:14-16**

이 대목을 읽을 때면 참 씁쓸한 웃음이 나온다. 마누라를 팔아서 얻은 부와 영광이 무슨 소용이 있으랴. 현진건(玄鎭健, 1900~1943)의 사실주의 단편소설 〈운수 좋은 날〉의 장면이 연상된다. 이 소설은 인력거꾼 주인공의 하루 생활을 통해 가난에 허덕이는 하층 노동자의 삶과 기구한 운명을 집약적으로 그리고 있는데 마지막 대사가 압권이다.

"설렁탕을 사왔는데… 왜 먹지를 못하니? 왜 먹지를 못하니? 괴상하게도 오늘은 운수가 좋더니만…."

아내 사라를 팔아 얻은 부가 부로 인정될 수 있을까? 마누라를 팔아서 먹는 진미가 맛이 있을까? 아브라함은 그때 남자로서의 무력감과 무너진 자존심으로 괴로웠을 것이다. 그런 자신이 한심하고 그 상황에서 어쩔 수 없는 자신의 무능함에 자괴감을 느낄 수밖에 없었을 것이다.

남자는 자신이 무능하고 존재가 무가치하다고 느낄 때 참담해진다. 돈이 없어 식구들을 제대로 먹이지 못하거나 자식의 장래를 제대로 지원해 주지 못할 때나 무시당하고 핍박당할 때다. 혹은 지식이나 인맥이 부족해서 억울한 일을 당해도 빠져나오지 못할 때나 열악한 신체적 조건이나 장애 때문에 제대로 된 능력을 발휘할 수 없을 때다. "논꼬에 물 들어가는 것과 자식 입에 밥 들어가는 것을 볼 때 가장 행복하다"는 말은 남자의 행복을 잘 보여 주는 말이다.

하나님께서 아브라함의 애굽행을 그냥 관망하신 것은 아브라함으로 하여금 딜레마 상황에 놓이도록 내버려 두신 것이다. 그로 인해 인간의 끝 지점이 하나님의 시작점이 된다는 것을 아브라함이 깨닫게 하기 위함이었고, 결과적으로 아브라함의 믿음 수준을 한 단계 더 높이기 위함이었다. 아브라함이 딜레마에 빠졌을 때 하나님은 팔을 걷어붙이고 본격적으로 나서신다.

"여호와께서 아브람의 아내 사래의 일로 바로와 그 집에 큰 재앙을 내

리신지라" 창 12:17

큰 재앙이 무엇이었는지는 구체적으로 언급되어 있지 않다. 대개 어떤 병으로 드러난다. 당대의 의술로 고칠 수 없는 병, 원인 불명의 병이 나타난다. 이럴 경우 고대국가는 신탁이 성행할 때였으므로 그 질병의 사유가 무엇이었는지를 신에게 묻는 일이 일반적이었다. 바로의 사제들은 그 병의 사유가 무엇인가를 물었던 것이고 결국 위대한 신이 내린 징벌이라는 것을 알게 되었을 것이다. 자기들이 섬기는 신들보다 압도적으로 뛰어난 신이 내린 징벌이라는 사실에 바로도 신하들도 몸을 떨었을 것이다.

아무런 잘못이 없는 바로는 억울했다. 분명 아브라함이 자기 입으로 사라를 누이라고 말했다. 사라가 아브라함의 아내라는 사실을 아브라함의 입을 통해서 듣지 않고 자신의 사제들을 통해서 확인했지만 그래도 그 일로 인해서 자신에게 화가 닥칠까 황급히 조치를 취한다.

"바로가 사람들에게 그의 일을 명하매 그들이 그와 함께 그의 아내와 그의 모든 소유를 보내었더라" 창 12:20

아브라함은 이 일로 창피를 당했다. 애굽 전역에서 이 일을 모르는 사람이 없게 되었다. 자신은 은밀하게 진행하려 했으나 만천하가 아는 사건이 되었다. 그렇다고 해서 아브라함이 위험에 처해졌거나 손가락질을 받는 존재가 된 것은 아니었다. 그에겐 여호와라는 전지전능한 신, 그 누구도 감히 대적할 수 없는 분이 보장이 되고 있었다. 그러는 한 아브라함은 손쉬운 사냥감일 수 없었다.

하나님은 당신이 선택한 사람 아브라함이 보기 좋게 실수한 일도 바로잡으셨다. 아브라함이 스스로 해결할 수 없는 상황, 딜레마 상황에서 다른 길을 열어 문제를 해결하셨다. 인간이 이러지도 저러지도 못할 때 해야 할 일은 하나님의 도움을 구해야 한다. 인간이 할 수 없는 일을 하나님께서는 하시는데, 그것도 인간의 이성과 계산을 넘어서는 방식으로 역사하시기 때문이다. 아브라함으로서는 자신의 보장이 되시는 하나님만 믿을 수밖에 없는 상황이었다. 또 한편으로는 하나님과의 언약 관계에 있는 사람에겐 그가 저지른 실수와 딜레마 상황마저도 전화위복으로 바꿔 주신다는 것을 체험한 사건이었다. 하나님은 이 일로 아브라함을 향해 어떤 책망도 하지 않으셨다.

우리가 삶에서 만나는 숱한 문제를 해결하고자 할 때 현명한 태도는 문제를 문제삼지 않는 것이다. 이미 일어난 객관적 사실로 받아들이는 냉정함이 필요하다. 그래야 상황에 지배당하지 않고 오히려 그 상황을 새롭게 바꾸는 주체가 될 수 있다.

누가복음 15장에는 탕자의 비유가 나온다. 이 비유에서 아버지가 어떤 태도를 보이는지에 주목해 보자. 탕자인 둘째 아들은 아버지의 유산을 미리 받아 먼 나라로 떠난다. 이때 아버지는 억지로 말리지 않는다. 아들이 허랑방탕한 생활을 할 것도, 자신의 필요에 의해서 돌아오게 될 것도 이미 알고 있었다. 그랬기에 마침내 아들이 돌아왔을 때 아버지는 어떤 책망도 하지 않았다. 오히려 옷을 갈아입히고 가락지를 끼우고 살찐 송아지를 잡아 잔치하였다.

물론, 탕자는 이전의 탕자가 아니었다. 돈을 탕진하고 돼지 치는 일로 생계를 유지하다 그마저도 어려운 딜레마의 상황에 놓였을 때 비로소 아버지라는 해결책을 생각한다. 그리고 더 이상 아들의 신분으로 아버지를 만나지 않겠다는 결심을 했다. 최소한 아버지 집에서 일하는 품꾼들이 굶지는 않았음을 알고 있었기에 그저 품꾼의 하나로 여겨 달라고 하였다. 그러나 아버지는 아들이 생각했던 아버지와는 완전히 다른 사람이었다. 비로소 탕자는 자기 생각 수준 이상의 아버지를 새롭게 알게 된다. 아니, 원래 그런 아버지였는데 자기 생각에 묶여 있는 동안 제대로 보지 못했을 뿐이다.

오히려 아버지를 제대로 모르는 첫째 아들은 이 일을 듣고 분노하였다. 그동안 어떤 문제도 일으키지 않았던 아들이었다. 하지만 아버지를 모른다는 점에서 진짜 탕자는 첫째 아들이지 둘째 아들이 아니다.

흔히 신앙인에 대한 스테레오 타입이 있다. 신앙인은 도덕적이고 선한 행동을 많이 해야 한다는 것이다. 그것은 신앙의 자연스러운 열매지 신앙의 궁극적인 목표가 아니다. 신앙의 궁극적인 목적은 하나님의 뜻을 아는 것이다. 도덕적으로 완전무결했던 첫째 아들은 궁극적으로 아버지를 몰라 아버지의 마음을 가장 아프게 하는 탕자가 되었고, 탕자가 되어 아버지를 떠났던 둘째 아들은 비로소 아버지를 아는 존재가 되어 참 아들이 되었다. 사실, 탕자 비유는 예수님께서 그 당시 선민이라고 자처했던 유대인을 첫째 아들로, 그리고 소외 계층에 있는 사람들과 이방인들을 둘째 아들로 비유한 것이었다.

아브라함 이야기에서는 딜레마 상황이 계속 나온다. 그럴 때마다 그는 뭔가를 결정해야 했는데 결정장애를 가진 사람에겐 여간 어려운 일이 아니다. 그래서 하나님은 그 상황을 해결해 가는 과정에서 어떤 결정을 할 때는 전적으로 하나님을 신뢰하라는 대안을 제시하셨다. 그리고 그렇게 하였을 때 최선의 선택이 되고 최상의 결과를 가져왔다. 아브라함의 일생은 그 부분을 반복적으로 경험하는 과정이었다. 그래서 나중에 이삭을 바칠 때쯤의 아브라함은 하나님을 온전히 신뢰했기에 더 이상 결정장애자가 아니었다. 아들을 번제로 바쳐야만 하는 딜레마의 상황이었지만 전적 순종만이 그 문제를 해결하는 유일한 방법임을 누구보다 잘 알고 있었다.

**인터뷰 13.**

## 왜 하나님은 아브라함으로부터 롯을 떼내셨나?

● 　　　　아브라함이 애굽에서 돌아왔을 때였다. 실수가 있었던 애굽이었지만 이 일을 통해서 그는 오히려 더 부유해졌다. 인간의 실수마저도 전화위복이 되게 하시는 하나님이었다. 그렇게 해서 가나안의 네게브 지역으로 돌아온 아브라함은 엄청난 부자가 되어 있었다.

"아브람에게 가축과 은과 금이 풍부하였더라" 창 13:2

네게브 지역은 바위가 많은 곳이라 방목을 하기엔 적합지 않은 땅이었다. 이에 아브라함은 네게브를 떠나 벧엘을 향했다. 벧엘과 아이 사이 곧 전에 장막을 쳤던 곳에 이르렀는데, 그가 처음으로 제단을 쌓은 곳이기도 했다. 그가 거기서 여호와의 이름을 불렀다고 묘사한다. 그런데 많은 소유로 문제가 발생한다.

> "아브람의 일행 롯도 양과 소와 장막이 있으므로 그 땅이 그들이 동거하기에 넉넉하지 못하였으니 이는 그들의 소유가 많아서 동거할 수 없었음이니라 그러므로 아브람의 가축의 목자와 롯의 가축의 목자가 서로 다투고 또 가나안 사람과 브리스 사람도 그 땅에 거주하였는지라" **창 13:5-7**

가나안 땅은 자유롭게 다닐 수 있는 땅이 아니었다. 아브라함은 여전히 이방인이었다. 게다가 그 지역은 농사를 짓기에 적합한 땅도 아니었다. 그나마 목축지로 활용할 순 있었지만, 농사를 지을 수 없는 언덕바지나 추수한 뒤의 들도 아브라함과 롯 두 사람의 가축들이 함께 있기에는 넉넉지 않았다.

결정장애자 아브라함이었지만 그래도 이때는 꽤 빠른 결정을 내린다. 결정장애가 꽤 많이 호전되었다. 그렇지만 그 또한 어쩔 수 없는 딜레마의 상황임을 분명히 알 수 있다. 목자들이 계속 싸우는 상황이 발생했고 자기 눈으로 보아도 두 집 살림이 한 곳에 있기는 불가능하다고 판단했던 것이다. 이번에는 결정권도 조카 롯에게 넘긴다. 어쩌면 가족 간의 평화가 더 중요하다고 여겼을 것이다. 가족을 알뜰히 챙기는 것은 아브라함의 특성 중의 하나인데 이를 통해 아브라함이 살갑고 정이 많은 남자였음을 알 수 있다.

나중에 하갈과 이스마엘을 떠나보낼 때 그는 많은 번민을 한다. 인간적인 정이 많았던 아브라함에게 생이별은 받아들이기 어려운 일이었다. 또한 롯이 그돌라오멜 동맹군에게 포로가 되어 잡혀갔다는 이야기를 들었을 때도 자기 위험은 아랑곳하지 않고 오로지 롯을 구하겠다는 일념 하나로 직접 사병을 이끌고 단까지 추격하여 마침내 롯을 구해 왔다. 이것은 그가 얼마나 자기 핏줄을 소중히 하는 사람인지 알려 준다.

아브라함과 롯의 분리는 불순물을 거르는 작업이었다. 롯은 지극히 세속적인 사람이었다. 그의 눈에는 요단 저지대의 땅이야말로 여호와의 동산 같고 애굽 땅같이 보였다. 여호와의 동산은 에덴동산을 지칭하고 애굽 땅은 가장 좋은 땅의 은유였다. 아브라함은 가나안 땅에 머물렀고 롯은 그 지역의 도시들에 머무르며 그 장막을 옮겨 소돔에까지 이르렀다. 즉 세상의 욕망을 따라 이동했음을 볼 수 있다.

"소돔 사람은 여호와 앞에 악하며 큰 죄인이었더라" **창 13:13**

이 구절은 소돔의 운명, 소돔과 동화된 롯의 운명이 어떻게 될 것인지를 암시하고 있다. 여호와의 이름을 불렀던 아브라함은 가나안 땅에 남아 순수성을 지켰고, 세상을 쫓아간 롯은 세상과 완전히 동화되어 소돔 사람처럼 되었다. 즉 롯은 하나님의 약속을 받아 실천할 믿음의 후손이 아니었다. 보험용으로 부적합했다. 이에 하나님은 롯을 아브라함으로부터 분리시키는 작업을 하셔야 했다.

"롯이 아브람을 떠난 후에…" **창 13:14**

"롯이 떠난 후에 하나님이 나타나서 약속을 주셨는데 왜 그러셨을까요? 롯이 있어도 그 말씀 하시는 데는 특별한 문제될 게 없으셨을 텐데요."

"그분은 정말 철두철미한 분이셨어. 내가 얄팍한 계산을 하고 있다는 것을 간파하셨지. 그리고 나를 통한 자손의 약속이 롯을 의미하지 않음을 확실히 하셨던 거야. 자네가 보험용이라고 표현하지 않았던가? 나의 보험을 제거하신 것이지. 그러니까 하나님 당신이 나에게 보험이 되도록 하신 거야."

롯이 떠난 후에 하나님께서는 아브라함에게 시청각 교육을 시키신다.

> "소돔 사람은 여호와 앞에 악하며 큰 죄인이었더라 롯이 아브람을 떠난 후에 여호와께서 아브람에게 이르시되 너는 눈을 들어 너 있는 곳에서 북쪽과 남쪽 그리고 동쪽과 서쪽을 바라보라" 창 13:13-14

하나님은 아브라함의 자손이 땅의 티끌 정도로 많아질 것을 약속하셨다. 롯이라는 보험을 제거하신 후에 하나님은 아브라함으로 하여금 전적으로 하나님만을 믿고 따르도록 하셨다. 그는 이제 자신의 유산을 물려줄 대상, 여차하면 양자로 들여 아들을 대신할 인물인 롯을 멀리 떠나보냈다. 반드시 자신에게서 난 아들에게 모든 것을 물려주어야 했고 그렇다면 자신을 통한 아들이 반드시 있어야 했다. 그래야 땅의 티끌같이 많은 자손을 얻을 수 있었다. 그것은 동시에 무슨 일이 있어도 하나님께서 자신의 약속을 지킨다는 말이기도 했다.

아브라함과 롯이 다퉜을 때 아브라함이 양보를 선택함으로 더 나은 결과를 얻을 수 있었다. 물론 그 결과는 하나님께서 함께 하신다는 것을 전제로 한다. 하나님께서 함께 계시면 인간의 시각으로는

3부 아브라함의 치유 과정

거주하기 불가능한 곳도 아무런 문제가 없는 곳이 된다.

> "이에 아브람이 장막을 옮겨 헤브론에 있는 마므레 상수리 수풀에 이 르러 거주하며 거기서 여호와를 위하여 제단을 쌓았더라" 창 13:18

이에 아브라함은 눈으로 보기에 좋은 곳을 향하여 가는 롯과 달리 마므레 상수리 수풀에 이른다. 하나님이 보장이 되시는 곳으로 이동하였다. 자신의 순수성을 유지하는 곳이었고 신앙의 정체성을 보존하는 곳이었다. 아브라함의 믿음이 한 단계 더 올라가는 계기가 되었다.

**인터뷰 14.**

# 왜 아브라함은
# 목숨 걸고 롯을 구했나?

● "조카 롯을 구해내는 과정은 마치 영화 같았습니다. 나중에 후손들이 이스라엘이라는 나라를 건국하는데 그 이전엔 사사(judge)라는 사람들이 있어서 이민족의 압제로부터 구해낸 사례가 많았거든요. 아브라함 님이 사사의 모델이셨네요. 포로로 잡혀가는 롯 입장에선 빼도 박도 못할 상황일 때 구원자로 나타나 롯을 비롯한 소돔 사람들과 빼앗긴 가축과 재산까지 모든 것을 다 되찾아 오셨잖아요? 소돔 왕이 벗은 발로 마중을 나올 만했고요. 정말 그 지역의 영웅이 되셨어요. 졸열함의 극치를 보였던 애굽에서의 모습과는 완전 대조되는데요?"

"그때는 오로지 조카를 구해야한다는 생각밖에 없었으니까. 그런데 신기한 건 내 속에 어떤 배짱이 생겼어. 내가 사고를 쳐도 뒷수습은 여호와께서 해주실 거라는 믿음 말이야. 내가 싸우러 가서 죽거나 다치거나 하면 그분의 계획은 틀어지는 것이니 그분은 나를 지킬 수밖에 없지 않은가? 더구나 가나안 지역에서 나는 여호와를 섬기는 사람이라고 소문났으니 내가 실패하면 여호와의 이름이 어떻게 되겠나? 뭇 사람들의 입에 회자될 것인데 여호와께서 나로 하여금 패하게 하실 리가 없다고 생각했다네."

"그렇다고 해도 전쟁엔 명분이 있어야 하는데 그 명분은 어디서 찾으셨는지요?"

"합당한 명분이 있었지. 그돌라오멜이 반란군을 진압하기 위해 군사를 일으켰다면 자기에게 반역을 일으킨 족속들만 점령하면 될 텐데 본래 목표였던 지역은 손대지 않고 요단 동쪽과 유다 남쪽에 살던 민족들까지 굴복시켰어. 그건 그돌라오멜이 호시탐탐 기회를 엿보고 있었단 거야. 결국 내가 먼저 나서지 않으면 내가 사는 지역도 점령의 대상이 될 수밖에 없었기에 살기 위한 조치를 취해야만 했네. 최상의 방어는 공격이라 하지 않았던가. 때마침 나에겐 잘 훈련된 사병이 있었기 때문에 그들을 동원할 수 있었지. 다들 어릴 때부터 길러진 용사들이라 일당백이었지."

"그런데 여정이 보통이 아니었더군요. 단까지 가셨던데요? 단이라면 나중에 형성된 이스라엘 왕국의 가장 북쪽 끝이거든요."

"그랬지. 작전의 성공은 기동성에 있었어. 나는 공격 조를 나눠 밤을 틈타 급습을 시도했지. 적이 방심하고 있을 때 쳐야 효과가 좋은 법이니까. 그 작전은 정통했어. 그 덕분에 조카 롯은 물론 빼앗겼던 모든 재물과 부녀와 친척을 다 찾아올 수 있었다네."

"마중 나온 사람이 소돔 왕뿐만은 아니었지요? 살렘 왕 멜기세덱도 마중을 나왔잖아요? 그분은 어떤 분이셨어요?"

"아! 그분은 정말 특별한 분이었지. 여느 왕과 많이 달랐어. 지극히 높으신 하나님의 제사장이었거든. 이미 하나님을 섬기는 제사장이 있다는 것에 놀랐어. 그가 떡과 포도주를 가지고 마중 나왔는데 단까지의 긴 추격여정과 전투에 지친 내 사병들에게 큰 힘이 되었어. 게다가 그가 나를 위해 축복하는 내용을 듣고서 나는 내가 특별하게 선택받은 사람이라는 것을 새삼 느꼈지. 그분의 말을 빌리자면 하나님께서 내 대적을 내 손에 붙이셨다는 거야. 그러니까 이 전투의 여정엔 하나님께서 함께 하셨던 것, 아니 이미 앞서 가셨던 것이지."

"거기서 전리품의 십일조를 멜기세덱에게 주었지요?"

아브라함은 이스라엘의 국가와 예배의 중심이 되는 살렘에서 멜기세덱을 만난다. 살렘은 예루살렘의 옛 이름이다. 멜기세덱이란 '정의의 임금' 또는 '나의 임금(곧 하나님)은 정의 내지 구원이시다'라는 뜻이다. 가나안 도시 국가의 제사장으로서 멜기세덱은 지극히 높으신 하나님을 섬긴다. 멜기세덱은 기름 부음 받은 자의 선구자로서 참 제사장이신 예수 그리스도의 예표다.

"전쟁에서 전리품들은 승자의 당연한 권리인데 아브라함 님께선 전리품들을 모두 다 소돔 왕에게 되돌려 주었더군요. 왜 그러셨는지요?"

"내가 전쟁에 나선 것은 재물을 얻기 위함이 아니었다네. 나는 오로지 조카 롯을 구해야겠다는 일념뿐이었어. 그 덕분에 소돔과 살렘을 비롯한 주변 도시 사람들을 구할 수 있었지. 소돔 왕이 빼앗겼던 물건들은 엄밀히 내 것이 아니었기에 돌려주는 게 마땅하지. 그래도 나와 함께 수고했던 사람들의 분깃은 따로 챙겨주었다네. 그들은 합당한 대가를 받을 자격이 충분하니까."

3부 아브라함의 치유 과정

**인터뷰 15.**

## 왜 하나님은 자신에게도 의무를 지우셨나?

● 이 일 이후에 아브라함은 환상 중에 하나님을 만난다. 그때 하나님은 아브라함에게 방패가 되고 지극히 큰 상급이라고 말씀하신다. 그때 아브라함은 자식이 없는 자신의 상속자로는 가장 충직한 종 엘리에셀이라고 말한다. 그 이유 또한 하나님께서 씨를 주지 않았기 때문이라고 항변한다. 그러나 하나님은 아브라함의 몸에서 난 씨가 상속자가 될 것이라고 하면서 그의 눈높이에 맞춘 시청각 교육을 하신다. 앞에서는 자손이 티끌과 같이 많게 할 것이라고 하셨는데 이번에는 하늘의 별처럼 많게 할 것이라고 약속하셨다.

"아브람이 여호와를 믿으니 여호와께서 이를 그의 의로 여기시고" **창 15:6**

이 구절을 통해서 이미 아브라함이 그 말씀을 믿었다고 말하고 있다. 그럼에도 불구하고 아브라함은 어떤 증표를 요구했고 하나님은 흔쾌히 그 요구에 응하셨다. 사사시대 기드온도 부름을 받을 때 증표를 요구했고 하나님은 흔쾌히 응하셨다.

"하나님께 증표를 요구하신 것 맞죠? '이 땅을 소유로 받을 것을 무엇으로 알리이까?'라고 물으셨잖아요? 그건 하나님을 전적으로 믿지 못했다는 말 아닌가요? 믿음이 약해졌던가요? 왜 증표를 요구하셨는지요?"

"현실을 보면 그럴 수밖에 없잖은가? 자식은 없고 나는 늙어가고 아내는 잉태 가능성이 희박해지고 있는 상황이라면 그럴 수밖에 없지. 그리고 하나님께서 말로만 하시는 것 같아 확실히 증표가 필요했지. 하나님이 그러겠다고 하시니 믿을 수밖에 없기는 했지만 이성으로는 믿는다지만 감정으로는 와닿지 않는 것을 어쩌겠는가?"

"그때도 하나님은 흔쾌히 응해 주셨군요."

"그렇다마다. 그것도 나에게 익숙한 방식으로 약속을 보증해 주셨다네."

"그것이 혹 제사였던가요?"

"맞아. 놀라운 것은 말일세. 하나님이 약속을 지키겠다는 말씀을 이행하시면서 스스로를 의무에 얽어매셨단 거네."

"그게 무슨 말씀인가요? 스스로를 의무에 얽어매셨다니요?"

"그분께서는 삼 년 된 암소와 삼 년 된 암염소와 삼 년 된 숫양과 산비둘기와 집비둘기 새끼를 가져오라 하셨지. 나는 그 모든 것을 가져다 가죽을 벗기고 그 중간을 쪼개 마주하여 놓았지. 물론, 새는 너무 작은 것이라 굳이 쪼개진 않았지만 말일세."

"저도 이 부분이 늘 궁금했는데요, 왜 하나님은 짐승을 잡아 쪼개는 방식의 제사를 요구하셨을까요?"

"그분이 요구하신 게 아니라 내 눈높이를 맞춰준 것이었다네. 이 지역에선 주군과 봉신이 계약을 맺을 때나, 혹은 상거래의 계약을 맺을 때 둘 사이에 짐승을 놓고 죽이고 쪼개는 풍습이 있다네. 짐승을 죽이고 가죽을 벗기고 둘로 쪼개는 과정을 나란히 지켜보면서 둘 사이에 약속을 한다네. '만약 내가 약속을 이행하지 않는다면 지금 이 짐승처럼 쪼개져도 좋다'라는 피차 서약을 하지. 본래는 사람들끼리의 약속에서 이렇게 하는데 하나님이 직접 그렇게 하시겠다고 말씀하신 거라네. 세상에! 하나님이 그 짐승처럼 둘로 쪼개져도 좋다고 말씀하신다니… 정말이지 황송하기 짝이 없는 일이지. 어쨌든 그렇게까지 하신 것은 당신께서 하신 말씀은 무슨 일이 있어도 시행하시겠다는 의지였다네. 하나님께서 그렇게까지 하시는데 내가 어떻게 안 믿을 수 있겠나?"

"아! 그건 만약 하나님께서 약속을 이행하지 않는다면 그 짐승처럼 되어도 좋다고 말씀을 하셨다는 의미인가요? 전능하신 하나님이 한 인간을 위해서 말이죠."

"정확히 그렇다네. 그 약속을 지키되 꽤 오랜 시간이 걸릴 것도 말씀하셨고… 해가 져서 어두울 때에 연기 나는 화로가 보이며 타는 횃불이 쪼갠 고기 사이로 지났다네. 그리고 약속의 내용을 한 번 더 말씀하셨지."

"그날에 여호와께서 아브람과 더불어 언약을 세워 이르시되 내가 이 땅을 애굽 강에서부터 그 큰 강 유브라데까지 네 자손에게 주노니 곧 겐 족속과 그니스 족속과 갓몬 족속과 헷 족속과 브리스 족속과 르

바 족속과 아모리 족속과 가나안 족속과 기르가스 족속과 여부스 족속의 땅이니라 하셨더라" **창 15:18-21**

하나님은 아브라함의 눈높이에 맞춘 약속의 증표를 제시하시면서 스스로에게 의무를 지우셨다. 신실하신 하나님은 반드시 약속을 지키시겠지만 아브라함으로 하여금 믿을 수 있도록 도와주셨다. 짐승을 잡아 쪼개며 계약을 맺는 것은 고대 근동에서 지극히 일반적인 풍습이었다. 그리고 하나님은 아브라함의 후손들이 4대가 지나 이 땅을 차지하게 될 때까지의 일을 미리 알려주신다. 이방에서 객이 되어 사백 년 동안 압제를 당할 것과 마침내 재물을 이끌고 나올 것임을 알려주셨다.

어떤 주석가는 아브라함이 제사를 지낼 때 비둘기를 쪼개지 않은 사소한 실수로 인해서 자손들이 징벌을 받아 사백 년 동안 애굽에서 종살이를 했다고 해석한다. 그러나 후대에 이스라엘 백성에게 주어진 제사법을 보면 너무 작은 짐승인 비둘기는 굳이 쪼개지 않는다. 목을 비틀어 끊어 피를 흘리는 것까지는 맞는데 둘로 쪼개진 않았다. 그러니 그것은 아브라함이 소홀히 한 제사로 인한 징벌이 아니라 그저 미래에 있을 일을 알려주신 하나님의 친절이었다.

지금 당장 아들이 하나도 없는 상황에서 그의 후손들이 4대가 지난 후에 마침내 이 땅의 주인이 될 것이라는 하나님의 말씀을 들었을 때 아브라함은 가슴이 뛰었을 것이다. 지금 당장 눈에 보이는 것은 아무것도 이뤄지지 않았는데 하나님은 먼 후대의 일을 말씀하고 있었다. 그것은 아브라함의 씨를 통해서 확실히 번성케 하실 것이라는 약속의 청사진이었다.

한 가지 더 생각해야 할 것은 '언제'에 관한 물음, 즉 하나님의 때에 관한 질문이다. 하나님께서 내 백성을 선택하고 그 땅을 주겠다고 해서 이미 살고 있는 가나안 족속을 쫓아내는 일은 하지 않으신다. 내 새끼 주겠다고 남의 자식이 먹고 있는 막대사탕을 빼앗는 일은 하지 않으신다. 비록 하나님의 택한 백성이 아니라 할지라도 죄악이 번성하고 공의가 무시되는 사회가 되었을 때에라야 심판하시는 분이다. 소돔과 고모라가 그랬고 지구상의 수많은 나라들이 그랬다.

> "네 자손은 사대 만에 이 땅으로 돌아오리니 이는 아모리 족속의 죄악이 아직 가득 차지 아니함이니라 하시더니" **창 15:16**

죄악이 가득 찼다는 말은 이미 앞서 홍수 심판 때에 나온다. 창세기 6장 5절 개역한글 버전에서는 관영(貫盈)이라는 한자어를 쓰고 있다.

> "여호와께서 사람의 죄악이 세상에 가득함과 그의 마음으로 생각하는 모든 계획이 항상 악할 뿐임을 보시고" **창 6:5**

관영(貫盈)이라는 말은 꽉 찼다는 뜻이다. 그릇에 물이 가득 차 넘치기 직전의 잘름잘름한 상태를 말한다. 노아의 홍수는 사람의 끝까지 찬 죄악에 대한 심판이었다. 따라서 현대를 사는 크리스천들은 세상이 보다 공명정대하고 의로운 세상이 되도록 헌신해야 할 이유가 있다. 신앙을 가졌다고 세상과 단절하거나 나만의 세계만 추구하면 안 된다.

**인터뷰 16.**

# 왜 가정에선 여자 말을 잘 들어야 하나?

● "제가 사는 21세기엔 남자가 여자 말을 잘 들어야 한다는 것이 중년기에 이른 남자들에게 하는 일반적인 충고입니다. 아브라함 님도 여자 말을 엄청 잘 듣는 사람이었던 것 같네요."

"왜 그렇게 생각하는가? 하긴 여자의 말을 들어야 되긴 하지. 하나님도 여자의 말을 잘 들어야 한다고 말씀하신 것 아닌가? 내가 나중에 하갈과 이스마엘을 쫓아내야 할 상황에 맞닥뜨렸을 때 하나님께서도 사라의 말대로 하라고 하셨다네."

"하하. 맞네요. 그때도 그랬지요. 그런데요, 사라가 하갈을 통해 아들을 얻자고 말했을 때 고민의 여지나 인사치레식의 사양도 안 하셨던 것 같아요. 그냥 말이라도 '어허! 쓸 데 없는 소리'라고 한 마디 했어야 하는 것 아니었는지요?"

"허허! 자네 말이 약간 빈정거리는 것같이 들리는구먼. 자네의 말대로라면 나는 귀가 얇은 사람인 게 틀림없네. 굳이 변명을 하자면 나는 사라의 마음을 충분히 알고 있었기 때문이기도 하네. 우리가 사는 시대에는 여자가 자식을 낳지 못하면, 그것도 아들을 낳지 못하면 그 여자는 저주 받은 여자, 그 집안의 멸망을 초래하는 존재로까지 간주되었어. 왜냐하면 조상은 후손을 통해서 계속 산다는 믿음이 이 지방의 일반적인 믿음이었거든. 그리고 아이를 낳지 못하는 여인은 자신의 몸종을 통해서 아들을 얻기도 하는데 이런 경우도 아들로 인정되었다네."

"아하! 그 부분은 이해가 되네요. 아브라함 님의 아들 이삭은 에서와 야곱 아들 둘을 얻었고 손자 야곱은 네 명의 아내를 두는데 그 중의 두 명은 주인의 몸종이었거든요. 그들의 자손 역시 이스라엘의 열두 지파로 당당히 자격을 얻습니다. 그건 이해할 만합니다. 그렇지만 사라의 말을 듣고 즉각 행동으로 옮긴 건 너무 귀가 얇으신 것 아닌지요? 결과적으론 하나님의 약속을 전적으로 믿지 못했다는 의미로 처리되었고 말입니다."

"그렇다고 그렇게 너무 몰아세우진 마시게. 최소한 나는 그분의 약속을 믿으려고 애를 썼다네. 사라가 하갈을 첩으로 줄 생각을 했던 것은 10년이나 지난 후였다네. 내 씨를 통해서 하늘의 별과 같이, 바다의 모래같이 자손이 많아지게 하시려면 그때부터 매년 자식을 낳아도 모자랄 판에 아예 임신 조짐도 안 보이는 상황이 10년쯤 되면 자네도 적잖이 불안해졌을 거네. 사라의 생리조차 끊어졌을 때는 더욱 가망이 없다는 생각을 할 수밖에 없었어."

사라 입장에서도 적잖이 불안했고 대책이라곤 없는 남편의 방만한 태도에 화가 났을 것이다. 여자의 의무를 다하지 못한 것에 대한 책임으로 몸종을 통해서라도 자식을 얻겠다는 발상은 꽤 오랫동안

고심했던 대안이었다. 그런데 막상 이야기를 꺼내자마자 마치 기다렸다는 듯이 넙죽 받아먹는 남편의 태도는 정말이지 실망이었다. 하갈이 임신을 하게 되면 오만방자해질 일까지 각오한 행동이었다. 고대 사회에선 그런 일이 흔했다. 몸종이었을지라도 자식을 낳은 여자는 정실을 밀어내고 그 자리를 차지하는 예도 있었다. 자식을 낳지 못하는 여자는 철저한 죄인이었고 남자로선 쫓아낼 수 있는 합당한 이유였기 때문이다. 그런 까닭에 후처로 들어온 여인들은 임신을 무기 삼고 남편을 방패로 삼아 정실의 자리를 꿰차려는 시도를 하곤 했다. 하갈의 오만함은 어느 정도 스스로에 대한 자신감에 근거했을 것이다. 근거가 없다면 과대망상이겠지만 어느 정도 뒷받침할 만한 외모와 재능을 가졌다면 믿는 구석으로 삼을 만했을 것이다.

사라 역시 위험부담을 안고 시도한 일인데 아니나 다를까! 머피의 법칙처럼 걱정하던 일은 현실이 되고 싫어하는 일이 그대로 생겼다. 임신을 한 하갈의 오만방자함이 도를 넘었고 이에 사라는 엄청난 스트레스를 받는다. 아브라함은 사라에게 전권을 준다. 당시에 여주인은 몸종의 생사 여부까지 결정할 권한이 있었다. 결국 사라의 학대를 견디지 못한 하갈은 도망을 쳤다. 그런데 하나님은 하갈에게 나타나셔서 앞으로의 일을 알려주시며 여주인에게 복종하라 명하신다. 그것은 두 여인 당사자는 물론 아브라함으로서도 해결할 수 없는 문제를 직접 해결해 주신 것이었고 인정 많고 눈물 많은 아브라함의 심정을 헤아린 조치였다.

하갈을 통한 이스마엘의 탄생은 큰 그림을 보지 못하는 아브라함이 질펀하게 싸질러 놓은 똥이었다. 이 일도 하나님께서 전적으로 개입하셔서 모든 것이 다 좋은 쪽으로 정리된다. 이 때 하갈을 통해

**3부** 아브라함의 치유 과정

탄생한 이스마엘은 지금의 아랍 사람들이 자신들의 조상으로 여기는 인물이다. 아브라함에게 이스마엘은 제2의 보험에 해당되겠지만 하나님은 그마저도 분리시키고 적통인 이삭을 통해서 그분의 역사를 이뤄 가신다. 하나님의 약속을 제대로 믿지 못하고 얄팍한 편법을 쓰면 그로 인한 손해를 감수해야 하고 또 그만큼의 시간이 연장된다.

아브라함이 아내 사라의 말을 잘 들었다는 점에서는 점수를 줄 만 하지만 그것은 어찌 보면 결정장애자의 습성이었다. 조상 아담과 마찬가지로 "No!"라고 단호하게 끊고 맺어야 할 자리에서 그렇게 하지 못했다. 아브라함은 사라에게 화를 내면서 엄한 목소리로 말해야 했다. 화를 내야 할 자리에 화를 내는 것도 삶의 기술 중의 한가지다. 그러나 결정장애자는 화 낼 자리, 화 낼 대상을 정확히 파악하지 못하고 애꿎은 곳에 화를 내거나 애먼 사람을 잡는 경우가 많다.

적어도 아브라함은 이렇게 말했어야 했다. "사라! 무슨 말을 하는 거야. 하나님께선 약속하셨어. 반드시 내 씨를 통해서 많은 후손을 주겠다고 말이야. 내 씨는 당신을 통해 태어난 적통을 의미해. 이 지역의 문화가 몸종을 통해 자식을 낳아도 주인의 소유가 된다고는 하지만 그건 일종의 편법이야. 하나님께서는 편법을 통해서 자손을 주시겠다는 말씀을 한 적 없어. 그러니 당신도 마음 준비 단단히 해. 앞으론 두 번 다시 그따위 말은 하지 마."

그런 후에 개인적으로 하나님 앞에 와서 따졌어야 했다. 아내 사라의 입장을 이해하고 감싸주었더라도 정작 자신은 하나님께 얼마든지 항변할 수 있었다. 하나님은 얼마든지 독대해주셨을 것이다.

"하나님! 왜 자식을 안 주는 겁니까? 오죽하면 사라가 저에게 와서 몸종 하갈을 통해서 자식을 얻으라고 하겠습니까? 사라는 또 얼마나 불안하겠습니다. 저도 이미 늙었고 아내도 이제 생리까지 끊어진 상태인데 그래도 기다리라구요? 너무 힘드네요. 왜 이렇게 질질 끄는 겁니까? 일부러 그러시는 겁니까? 아니면 아직도 저의 믿음이 부족한 겁니까?"

남자는 가정에서 아내 말을 잘 듣는 것이 중요하다. 왜냐하면 여자는 관계 전문가이기 때문에 사람과 사람을 연결하고 공감하는 기능이 탁월하다. 반면 남자는 생존 전문가이기 때문에 일 중심으로 치우쳐 있어서 관계를 도외시 하거나 외면할 가능성이 다분히 많다. 특히 마음을 받아주고 읽어주고 연결하는 능력이 부족하기 때문에 아내의 조언을 듣는 편이 지혜롭다. 그러나 어떤 일에 관한 것, 소신에 관한 부분은 고집을 피울 필요가 있다. 남자는 나침반과 같은 존재이기에 외부 환경이 어떻다고 해서 방향을 틀리게 잡을 수는 없기 때문이다.

**인터뷰 17.**
# 왜 하나님은 이삭 탄생 전에 이름부터 바꾸어 주셨나?

● "아브라함 님이 99세 때 하나님께서 나타나셔서 자손에 대한 약속을 한 번 더 하셨지요? 내년에는 꼭 아들이 있을 거라고 말이죠. 그리곤 '아브람'이란 이름을 '아브라함'으로 바꾸라고 하셨죠. '집안(씨족)의 아비'에서 '열국의 아비'라는 이름으로 말이죠. 이름은 곧 그 사람의 운명이니 앞으로 그렇게 될 것이라는 예표이기도 하지요. 그런데 왜 하나님은 아브람 때에 이삭을 주시지 않고 아브라함이 된 후에 주셨을까요?"

"아브람이 미완성 상태라면 아브라함은 완성이라는 뜻이지. 하나님께서는 그때의 나를 보시고 이제 당신께서 의도하신 믿음의 수준에 도달했다고 판단하셨을 거야. 그리고 이듬해에 바로 아들을 주셨으니까 말이야. 내가 결정장애자 상태에 머물러 있을 동안에는 하나님께서 자신의 뜻을 펼 수가 없으셨던 게지."

"일흔다섯에 부르심을 받고 아흔아홉이 될 때까지가 결정장애를 치료하시는 시간이었다는 말이군요."

"그렇지. 도자기로 말하자면 처음 갈대아 우르에서 나를 부르신 일이 흙을 채취해온 것이라고 할 수 있지. 그 후의 사건들은 흙을 체에 거르는 작업, 반죽하는 작업, 빚는 작업, 말리는 작업, 말린 후 유약을 바르는 작업, 가마에서 굽는 작업과정으로 이어졌던 것이고. 지금의 나는 가마에서 꺼낸 도자기인데 아브라함이란 이름의 의미는 이제 쓸 만한 그릇이 되었단 거야. 그렇게 되기까지 자그마치 24년이나 걸렸네. 내가 생각해도 참 나란 사람은 굼뜨고 무뎠네. 나는 하나님이 더디다고 생각했는데 지나고 보니 내가 준비가 되지 않아서 그분의 역사가 일어나지 않았던 것이었네. 그런 나를 이렇게까지 만드시느라 하나님은 얼마나 오래 참으셨을까?"

준비된 사람만이 쓰임 받는다. 다윗이 골리앗을 이길 수 있었던 것은 의분만으로 불가능했다. 이전에 경험했던 작은 성취 경험, 즉 사자와 곰을 물리쳤던 연속된 성공 경험과 그런 상황에서도 지속적으로 자신을 지켜 주셨던 하나님에 대한 믿음이 골리앗을 이길 수 있는 원동력이었다. 즉, 다윗이 아무리 하나님을 사랑했다 할지라도 그에게 능력이 없었고 하나님이 지켜 주신다는 확신이 없었다면 그는 골리앗을 쓰러뜨릴 수 없었다.

> "다윗이 사울에게 말하되 주의 종이 아버지의 양을 지킬 때에 사자나 곰이 와서 양 떼에서 새끼를 물어가면 내가 따라가서 그것을 치고 그 입에서 새끼를 건져내었고 그것이 일어나 나를 해하고자 하면 내가 그 수염을 잡고 그것을 쳐죽였나이다 주의 종이 사자와 곰도 쳤은즉 살아 계시는 하나님의 군대를 모욕한 이 할례 받지 않은 블레셋 사람이

> 리이까 그가 그 짐승의 하나와 같이 되리이다 또 다윗이 이르되 여호
> 와께서 나를 사자의 발톱과 곰의 발톱에서 건져내셨은즉 나를 이 블
> 레셋 사람의 손에서도 건져내시리이다 사울이 다윗에게 이르되 가라
> 여호와께서 너와 함께 계시기를 원하노라" **삼상 17:34-37**

직함이 사람을 만든다는 표현은 남자들에게 해당하지만 그 또한 능력을 전제로 한다. 난세에 영웅 난다는 말도 비슷한 뉘앙스로 쓰이며 이순신 장군을 대표적 인물로 설명한다. 그런데 이순신 장군도 준비되지 않았다면 쓰임 받을 수 없었다. 따라서 사람이 쓰임 받으려면 반드시 능력을 갖추어야 한다.

이때 해야 하는 작업은 자신의 그릇 크기를 먼저 설정하는 일이다. 아브라함은 믿음의 조상이 되기 위한 준비와 그릇의 크기를 설정해야 했다. 그래서 하나님께서는 '집안의 아비'라는 작은 그릇 아브람을 '열국의 아비'라는 큰 그릇 아브라함으로 바꾸신 후에 그분의 역사를 시작하셨다. 이에 우리도 자신의 그릇 크기를 보다 크게 설정할 이유가 있다. NLP(Neuro-Linguistic Programming, 신경-언어프로그래밍) 심리학에선 이렇게 말한다. "누군가 할 수 있다면 나도 할 수 있다." 사람들은 대체로 자기를 축소하는 경향을 겸손이라고 말하지만 겸손이 아니라 자기비하일 경우가 많다.

그래서 나는 집단상담할 때 이렇게 외치게 한다. "나는 내가 생각하는 나보다 최소한 열 배, 기본 백 배, 많게는 만 배까지 뛰어난 사람이다." 그렇게 외치면서 오열하는 사람도 더러 있다. 지금까지 살면서 그런 생각을 한 번도 안 해 봤단다. 우리는 자신에 대하여 보다 큰 기준을 설정할 필요가 있다. 뱀을 그릴 때 처음부터 뱀을 염

두에 두고 그리면 자칫 지렁이를 그릴 수 있다. 그러나 처음부터 용을 염두에 두고 그리면 최소한 뱀 그림은 얻을 수 있다. 그러니 꿈의 크기를 크게 설정하라.

그다음은 실행력이 중요하다. 세상엔 똑똑한데도 실행력이 부족한 사람이 이룬 업적보다 좀 덜 똑똑해도 실행력 강한 사람이 이룬 업적이 훨씬 크다. 모자라는 부분은 다른 사람을 통해서 얼마든지 채울 수 있기 때문이다. 중국의 항우와 유방을 비교해 보면 정말 그렇다. 항우는 외모며 체격이며 출신이며 학력까지 무엇 하나 부족한 것이 없었다. 요즘 말로 금수저였으며 훈남 중의 훈남이었다. 그런 항우였기에 다른 사람의 말에 귀를 기울이거나 인재를 등용하려 들지 않았다. 그러나 유방은 자신이 미천한 출신이라 딱히 내세울 게 없었고 자신의 부족함을 잘 알았기에 남의 의견에 귀를 기울이고 탁월한 인재를 자기 주변으로 끌어 당겼다. 유방이 최후 승자가 될 수 있었던 건 그 덕분이었다.

큰 그릇으로 준비되는 것과 아울러 청결한 그릇으로 준비되는 것도 중요하다. 그릇은 무엇을 담느냐에 따라 이름이 달라진다. 조선 막사발은 어떤 용도로든 활용된다. 밥을 담으면 밥그릇이 되고 국을 담으면 국그릇이 된다. 거기에 금을 담으면 금 그릇이 되고 개밥을 담으면 개밥그릇이 된다. 사람은 그릇으로 비유되는데 그릇 자체의 재질도 중요하지만 무엇을 담든지 청결해야 한다. 이에 사도 바울은 고린도교회에 보낸 두 번째 편지에서 우리를 질그릇에 비유하였다. 우리는 보배인 예수 그리스도를 담은 질그릇이지만 보배 덕분에 우리 또한 존귀하게 되었다.

"우리가 이 보배를 질그릇에 가졌으니 이는 심히 큰 능력은 하나님께 있고 우리에게 있지 아니함을 알게 하려 함이라" **고후 4:7**

**인터뷰 18.**

# 왜 이삭 탄생 전에
# 할례를 행하라 하셨나?

• "하나님께서는 100세가 될 때 아들을 주시겠다고 하시면서 난 지 8일이 되면 할례를 행하라고 말씀하셨습니다. 왜 할례를 행하라고 하셨을까요? 그 할례의 의미는 무엇이었을까요?"

"처음에는 나도 잘 몰랐네. 그런데 세월이 지나면서 깨닫게 되었다네. 그 또한 하나님의 세심한 배려였다네. 무딘 나를 일깨우는 방식 중의 하나였다네."

"설명이 좀 필요합니다."

"그러니까 할례는 하나님의 택한 사람임을 증명하는 장치, 기억을 일깨우는 표식이었지."

"그렇군요. 그런데 왜 하필이면 남자의 생식기에다 표식을 만드셨을까요?"

"그 이유를 알면 하나님이 얼마나 세밀하시고 친절한 분인가를 깨닫게 된다네. 그건 말일세. 평소에 하나님을 망각하고 살다가도 소변을 볼 때만이라도 하나님을 생각하게 만드는 장치였어. 오줌 누는 것은 생리 현상이니 누구든 하루에 몇 번씩은 해야 하지 않은가? 그런데 오줌을 누려고 남자들이 자신의 생식기를 꺼내면 거기에 할례 받은 흔적이 있는 거야. 모든 남자는 오줌을 눌 때 자신의 생식기를 본능적으로 보게 되어 있거든. 자네는 안 그런가?"

"저도 그렇습니다. 그래서 저는 가끔 소변 보러 갈 때 '재판 받으러 다녀오겠습니다'라고 농담을 합니다. 왜냐하면 법정에 선 피고의 모습과 오줌을 누는 남자의 모습은 똑같기 때문입니다. 다리를 벌린 채 고개를 약간 숙이죠. 그리고 양손을 앞으로 모으고, 자신의 생식기 쪽을 바라봅니다. 그리고 마지막에 몸을 부르르 떨죠. 하하하."

"하하하. 정말 똑같네. 신기하네. 어쨌든 적어도 하루에 몇 번은 어쩔 수 없이 하나님께서 남겨 놓으신 표식을 볼 수밖에 없고 그때마다 내가 하나님께서 특별히 부르신 존재임을 재확인하는 것이지. 그래서 나와 이스마엘은 물론, 종들에 이르기까지 모든 남자는 할례를 받아야 했다네."

"그런데, 여기서 궁금한 것이 있습니다. 그렇다면 왜 사라를 비롯해 다른 여자는 굳이 할례를 행하도록 하지 않으셨을까요? 남자처럼 돌출된 생식기가 없어서였을까요? 만약, 망각하지 말라는 게 목적이었다면 손이라든지 다른 신체 부위에 표식을 남길 수도 있었을 텐데 말입니다."

"글쎄… 그건 나도 잘 모르겠네만…"

아브라함은 말끝을 흐렸다. 정확히 모르고 있었다. 여자가 굳이 할례를 행하지 않아도 되는 것은 쉽게 망각하는 남자에게 비해 여자는 망각하지 않기 때문이다. 자기 마음에 한 번 새겨진 것은 죽을 때까지 지속된다. 특히 특별한 경험과 마음에 새겨진(imprint) 것은 더더욱 그렇다. 생각만 해도 그때의 감정을 그대로 재생할 수 있다. 대체로 하나님의 말씀을 듣는 여자는 그 말씀을 가슴에 각인시키지만 남자는 한쪽 귀로 듣고 한쪽 귀로 흘려버리는 성향이 강하다. 그래서 남자는 꼭 할례를 행해야 했지만 여자는 굳이 그럴 필요가 없었다.

남자들은 건성으로 듣는 태도 때문에 곤란을 겪을 때가 더러 있다. 아내가 신신당부한 것도 건성으로 듣고는 일을 그르치거나 주변 사람들을 실망시킨다. 모세도 그런 남자였던 모양이다. 모세가 하나님의 부름을 받았을 때 여호와의 진노를 받아 죽게 된 사건이 있었다. 왜 그랬는지에 대한 이유까진 설명이 없지만 앞뒤 정황으로 보면 할례를 행하라는 하나님의 말씀을 건성으로 듣고 시행하지 않았던 것으로 보인다. 그때 모세의 아내 십보라가 급히 할례를 시행하여 베어 낸 아들의 생식기 포피를 모세의 발에 갖다 대었고 여호와께서는 모세를 놓아주셨다. 모세는 아내 덕분에 죽을 위기를 모면했다.

> "모세가 길을 가다가 숙소에 있을 때에 여호와께서 그를 만나사 그를 죽이려 하신지라 십보라가 돌칼을 가져다가 그의 아들의 포피를 베어 그의 발에 갖다 대며 이르되 당신은 참으로 내게 피 남편이로다 하니 여호와께서 그를 놓아주시니라 그때에 십보라가 피 남편이라 함은 할례 때문이었더라" 출 4:24-26

할례란 단순히 신체적인 표식만이 아니었다. 하나님의 말씀을 들고 행하는 사람, 선택받은 백성이라는 표식이었다. 그런 면에서 유대인들은 신체적으로 할례를 받았다 할지라도 마음으로 할례를 받지 못한 사람처럼 행동할 때가 많았다. 이것은 신약 사도행전에서 스데반 집사가 순교할 때의 표현을 보면 알 수 있다.

"목이 곧고 마음과 귀에 할례를 받지 못한 사람들아 너희도 너희 조상과 같이 항상 성령을 거스르는도다" 행 7:51

아브라함에게 할례의 표식은 내년 이맘때에 사라를 통해 아들을 낳게 될 것이라는 확증이었다. 이제 아브라함은 변명의 여지가 없게 되었다. 할례를 통해 증표까지 받았으니 이제부터 믿지 못한다면 해도 해도 너무한 처사가 되는 셈이었다. 할례는 하나님께서 시행하시는 아브라함을 위한 지속적인 눈높이 교육이었으며 궁극적으로 그의 결정장애를 치유하는 방법이었다.

망각하지 말라는 표식은 나중에 이스라엘 백성에겐 아예 율법으로 명기하신다. 온 집안 구석구석에 말씀을 붙여놓으라고 하셨다. 기록한 말씀을 문설주에도 붙이고 방 안에도 붙이도록 하였다. 천정에도 붙여놓고 잠자리에 들 때와 깰 때 말씀을 읽도록 하였다. 그리고 기도할 때 입는 찌찌트와 머리에 쓰는 테플린에도 율법을 담도록 하였다. 이는 언제 어느 때라도 말씀을 묵상하고 지켜 행하라는 의미였다.

옷차림을 단정히 하는 것은 외모의 할례다. 정장을 차려 입은 사람은 아무렇게나 행동할 가능성이 줄어든다. 정장이 주는 단정함이 행동거지에 영향을 미치는 것이다. 의복은 곧 그 사람과 직결되는 부분이기도 하다. 물론 사람 자체에서 풍기는 매력과 품위가 없을 때는 드레스 효과도 떨어지고 오히려 반감을 유발한다. 천박한 사람이 화려한 옷을 입으면 되레 볼썽사납다. 반면 단정하고 품위가 있는 사람은 아무리 수수한 옷을 입어도 특유의 카리스마와 범접할 수 없는 아우라가 넘친다.

　마음가짐을 단정히 하는 것은 마음의 할례다. 결심(決心)한다는 한 자어를 '마음먹다'고 표현하는 건 참 지혜롭다. 신체 건강을 위해 주기적으로 좋은 음식을 먹어야 하는 것처럼 마음 건강을 위해서도 주기적으로 음식을 먹어야 한다. 독서와 예술은 정신의 양식이요 QT는 영혼의 양식이다. 크리스천들은 이 세상에서 가장 감정이 풍부하고 교양 넘치는 사람들이어야 한다. 신앙은 신체와 정신이 건강할수록 더 깊이 뿌리를 내리고 꽃을 피우고 열매를 맺는다.

### 인터뷰 19.
# 왜 하나님은 아브라함의 아들 이름을 이삭이라고 하셨나?

- "아브라함이 엎드려 웃으며 마음속으로 이르되 백 세 된 사람이 어찌 자식을 낳을까 사라는 구십 세니 어찌 출산하리요 하고" **창 17:17**

백 세가 될 때까지 아브라함은 하나님을 온전히 신뢰하지 않았다. 하나님은 당신이 직접 의무를 지면서까지 눈높이 교육을 시켰지만 아브라함의 믿음은 여전히 기대치 이하였다. 게다가 아브라함은 눈치도 없이 자신이 들어놓았던 보험을 제시한다.

"아브라함이 이에 하나님께 아뢰되 이스마엘이나 하나님 앞에 살기를 원하나이다" **창 17:18**

이것은 아브라함의 체념을 보여 준다. 체념은 철회(withdrawal)라는 심리적 방어기제로써 요구하지 않음으로 거절의 상처를 최소화하겠다는 무의식이다. 하나님께서 아들을 주겠다고 약속하셨지만 그저 말씀만으로도 충분하다며 이미 있는 아들 이스마엘을 통해 자손을 번성케 해 달라고 말한다. 이에 하나님은 단호하게 "No!"라고 말씀하면서 언약을 재확인하신다.

> "하나님이 이르시되 아니라 네 아내 사라가 네게 아들을 낳으리니 너는 그 이름을 이삭이라 하라 내가 그와 내 언약을 세우리니 그의 후손에게 영원한 언약이 되리라 이스마엘에 대하여는 내가 네 말을 들었나니 내가 그에게 복을 주어 그를 매우 크게 생육하고 번성하게 할지라 그가 열두 두령을 낳으리니 내가 그를 큰 나라가 되게 하려니와 내 언약은 내가 내년 이 시기에 사라가 네게 낳을 이삭과 세우리라" **창 17:19-21**

'이삭'이라는 이름 뜻은 '웃음'이다. 두 가지 의미를 다 담고 있다. 믿지 않는 상태의 체념이 섞인 웃음이란 뜻도 있고, 마침내 원하는 것이 이뤄져 자랑과 기쁨의 웃음이 되었다는 뜻도 있다. 이삭이라고 부를 때마다 하나님의 약속을 온전히 믿지 못하고 웃었던 자신을, 또 왜 웃었느냐는 추궁에 웃지 않았다고 시치미를 떼던 자신을, 하나님을 온전히 신뢰하지 못했던 자신을 반성했을 것이고, 기어코 웃게 하시는 하나님의 궁극적인 인도하심에 웃었을 것이다. 아브라함과 사라는 이삭의 이름을 부를 때마다 중의적 의미를 생각했을 것이다. 이것은 망각하지 말라는 하나님의 당부였다.

또한 이삭이란 이름을 주신 것은 믿음의 조상 아브라함을 시점으로 그의 후손들은 다 웃음 가득한 삶의 주인공으로 살도록 하기 위함이었다. 그럴 수 있는 것은, 하나님이 함께하시면 어떤 삶의 상황에서도 웃을 수 있기 때문이다. 전화위복의 하나님은 우리가 당면한 고통과 난감한 상황도 오히려 기쁨이 되도록 바꿔 주시는 분이다. 전적으로 그분의 선하심을 신뢰할 때 얻는 복이다. 시편 기자도 이런 기쁨을 노래했다.

"주께서 나의 슬픔이 변하여 내게 춤이 되게 하시며 나의 베옷을 벗기고 기쁨으로 띠 띠우셨나이다" 시 30:11

웃음은 인간에게 주신 특별한 은총이다. 짐승도 웃기는 한다. 나는 어릴 때 발정 난 암소가 웃는 것을 보았다. 하얀 이빨을 드러내며 웃는 모습은 곁에서 보는 이로 하여금 절로 웃게 만들었다. 그러나 사람은 언제라도 웃을 수 있다. 웃기 위해 일부러 우스꽝스러운 상황을 만들어 웃는다. 유머와 코미디를 즐긴다. 웃음이 주는 각종 효과에 대해서는 이미 잘 알려져 있다. 희극 배우의 원조에 해당하는 찰리 채플린(Charlie Chaplin)은 이렇게 말하였다.

"웃지 않고 보낸 하루는 헛되이 보낸 하루이다."

크리스천은 늘 웃는 사람이다. 희로애락의 모든 감정을 웃음으로 승화시킬 수 있다. 예수 그리스도를 통해 구원을 얻어 영적 아브라함의 후손이 되었다는 사실만으로도 충분히 웃을 수 있다. 어릴 때 불렀던 복음성가 '너는 왜 항상 웃니?'의 가사가 그렇다.

너는 왜 항상 웃니 슬퍼도 눈물 나도
남들은 모를 거야 왠지 좋아 항상 좋아

무엇이 그리 좋은지 나도 알게 해다오
너와 나 만나려고 주 예수님 오셨단다
참 기뻐 왠지 기뻐서 항상 웃고 항상 찬송
정말 좋아 왠지 좋아 또 기뻐서 찬송하네

2절은 "너는 뭘 감사하니 아무것도 없는데도"로 시작하고 3절은 "너는 왜 기뻐하니 마음이 괴로워도"로 시작된다. 이것이 신앙을 가진 사람들이 기뻐하는 이유이다. 기뻐하지 못할 이유가 하나도 없다. 신앙의 차원은 세상 사람들이 살아가는 삶의 차원보다 월등하게 높다. 따라서 신앙의 깊이와 웃음의 크기는 정비례한다고 해도 과언이 아니다.

3부 아브라함의 치유 과정

**인터뷰 20.**

# 왜 아브라함의 아들은 이삭 하나뿐인가?

● "그런데, 뭔가 좀 이상하지 않아요? 자손이 하늘의 별과 같이 많고 바닷가의 모래알처럼 많아지겠다고 하셨으면 이삭뿐 아니라 수많은 자손들을 주셨어야죠. 아브라함 님은 모르시겠지만 아드님인 이삭도 에서와 야곱이라는 두 아들만 얻습니다. 물론, 야곱 대에 이르러 네 명의 아내를 통해 열두 명의 아들을 낳았고 그들이 이스라엘 민족을 형성하는 열두 지파가 되긴 합니다만, 너무 늦게 이뤄진 것이 아닌가 해서요. 달랑 이삭 하나만을 주신 것에 대해서 불만이 없으셨는지요?"

"왜 불만이 없었겠나. 자네 말대로 내 계산도 이삭 한 명뿐 아니라 계속 자식들을 낳을 수 있기를 바랐지. 하루가 급했으니까. 그런데 그 부분은 하나님의 주권이니 내가 어찌할 순 없잖은가?"

"그렇지요. 그건 전적으로 하나님의 결정, 하나님의 주권이지요. 그렇지만 우리에겐 바람(want)이 있지 않습니까?"

"바람(want)이 있다고 해서 그 바람을 하나님께서 다 들어주셔야 한다는 것인가? 그건 일방적 욕심 아닌가? 내 바람은 바람일 뿐인데, 반드시 그게 이뤄져야 한다면(must) 하나님의 주권은 어떻게 되는가? 또 설령 바람이 바람대로 다 이뤄진다면 세상은 어떻게 되겠는가?"

바라기만 하면 이뤄지는 것은 마술(magic)의 세계이다. 아이는 학령기 이전 어린 시절에는 '마술적 사고'를 한다. 세일러문의 매직봉이나 해리 포터의 마술지팡이를 들고 주문을 외기만 하면 뭔가가 이뤄진다고 믿는 시기다. 원하기만 하면 이뤄지는 세상은 환상의 세계요 동화의 세계다. 이 시기에는 산타클로스가 있어야 하고 온갖 동화의 주인공을 만나야 한다. 그러나 그다음 단계로 올라서면 현실에서 추상적 사고의 단계를 만난다. 콩 심은 데 콩 나고 팥 심은 데 팥 나는 것이 맞지만 때론 나지 않는 콩이나 팥도 있다는 것을 받아들여야 한다. 내가 원하는 것이 반드시 이뤄지지 않는다고 해도 세상이 엉망이라거나 나의 부족을 의미하는 것은 아니다.

그런데도 많은 사람들은 어른이 되어서도 자신이 원하기만 하면 뭐든 다 이뤄져야 한다고 믿는다. 어릴 때는 부모, 결혼하면 배우자, 나이 들면 자식들이 그런 존재이길 희망한다. 바람(望)의 양이 많은 사람일수록 행복과는 멀어진다. 그래서 나는 내담자들에게 이런 명제를 적어주면서 늘 되뇌게 한다.

"want는 must가 아니다."


"하나님께서 이삭 한 명을 주신 것은 단 한 명의 아들이 얼마나 소중한지를 일깨우려는 것이었을 게야. 나중엔 가장 소중한 그것을 하나님께 바치라고 요구하셨으니까."

3부 아브라함의 치유 과정

"엄밀히 따지고 보면 약속의 아들은 이삭 하나였지만 자손 자체가 적었던 것은 아니었지요. 하갈을 통해 얻은 이스마엘도 있었고, 사라 사후에 후처 그두라를 통해 얻은 자식들도 있었잖아요?"

"그랬지. 그런데 그들 역시 이삭에게서 떠나도록 하셨지. 약속의 아들은 이삭 한 명뿐이었으니까. 이삭을 통해서 믿음의 계보를 이어 가는 것이 목적이지 많은 자손 자체가 목적은 아니니까 말이야. 어쩌면 하나님께서 오랜 세월 동안 나를 다듬어 가셨던 것처럼 이삭 또한 오랫동안 다듬을 필요가 있을 거라는 계산이셨는지도 몰라."

"그렇게 말씀하시니 어느 정도는 이해가 되네요. 이삭의 경우도 하나님께서는 눈높이 교육을 적절하게 시키셨지요."

하나님은 아브라함으로 하여금 버튼을 누르기만 하면 뭐든 제공되는 자판기가 되어주지는 않으셨다. 아브라함 이야기엔 지연 모티브가 작동되고 있어 뭐든 느리고 오래 걸렸다. 이삭도 늦게 낳았고 이삭의 결혼도 꽤 늦었다. 그러나 적어도 아브라함은 아들 이삭을 확실한 제자로 삼았다. 자신이 부름 받은 이유와 가족의 정체성을 확실하게 전수하였다. 가나안에 살고 있지만 가나안 사람들과 동화되지 않기 위해서 며느리를 자기 친족 중에서 구했다. 자기 동생 나홀에게서 나온 자식 리브가를 며느리로 맞았다. 그 길에 충직한 종 엘리에셀을 보냈다. 엘리에셀이 나홀이 있는 곳으로 갔을 때 하나님께서 예비하신 신붓감의 조건은 배려할 줄 아는 여성이었다. 정말 그가 기도한 대로 리브가가 절묘한 타이밍에 우물가에 도착하였고 나그네에게 호의를 베풀었다. 그리고 아버지 라반에게로 인도하였다. 리브가는 엘리에셀이 누구이며 왜 왔는지에 대한 내용을 들은 후 바로 엘리에셀을 따라 가나안으로 와서 이삭의 아내가 되었다. 갈대아 우르에서 가나안 땅으로 부르신 것이 아브라함의 엑소더스였듯 이삭을 가나안 여인과 결혼시키지 않은 것도 순수 혈통을 지키게 하려는 아브라함의 믿음이었다.

우리는 크리스천으로서 정체성을 확립하고 유지해야 한다. 하나님의 백성이라면 하나님의 말씀에 초점을 두고 그분의 인도하심대로 순종해야 한다. 그러나 세상은 끊임없이 자신의 목소리를 따라가라고 말한다. 가슴이 시키는 대로 하라면서 스스로 지위를 높여 하나님의 자리에까지 올라서라고 한다. 그래서 세상에는 하나님이라고 자처하는 인간이 너무 많다. 그런 인간의 최후는 멸망이다. 어둠이 짙을수록 빛은 더 밝게 빛나듯 크리스천은 세상이 혼탁할수록 오히려 더욱 밝은 빛을 내는 존재들이다. 우리가 세상에 동화되는 것이 아니라 세상이 우리 덕분에 변화되는 것이다.

예수님의 공생애 사역 중에, 혈루증에 걸린 여인이 군중을 헤집고 들어와 예수님의 옷자락을 만진 일이 있었다. 혈루증을 앓고 있는 여인은 부정한 사람이므로 무리 속에 몰래 들어왔다가 들통나는 날엔 그 자리에서 돌에 맞아 죽을 수도 있었다. 그 여인의 행동은 목숨을 건 모험이었다. 그리고 부정한 여인이 만진 물건이나 접촉한 사람은 전부 부정한 것으로 처리된다. 이에 군중을 헤집고 가는 동안 이 여인이 접촉한 사람들은 전부 부정하게 되었다. 최종적으로 예수님을 만졌으니 예수님까지 부정하게 만든 장본인이 되었다. 그러나 예수님은 그녀에 의해서 부정하게 된 것이 아니라 그녀가 도리어 예수님에 의해 치유를 받았다.

그분은 전능자이시기에 치유의 능력이 나간 것을 알고 계셨다. 그래서 "누가 내 옷에 손을 대었느냐?"라고 물으셨고, 군중이 사방에서 밀고 있었기 때문에 제자 베드로는 "아니, 군중이 이렇게 빡빡하게 들이미는데 예수님께 손을 댄 사람을 찾다니요?"라며 어이없다는 표정을 지었다. 그 모든 상황을 안 여인은 벌벌 떨며 이실직고했다. 그런데 그때 예수님의 말씀이 인상적이다. "네 믿음이 너를 구원하였느니라."

하나님의 계산법은 인간의 계산법과 다르다. 그러니 조급해하지 말라. 하나님의 때가 되면 모든 것을 그분이 의도하시는 대로 이루신다. 하나님이 아브라함을 다루시는 방식을 보면 알 수 있다. 궁극적으로, 끝까지, 마침내 그분의 목적에 부합하도록 이끄신다. 인간은 다만 그분을 전적으로 믿고 따르면 된다. 신앙은 객차인 우리가 기관차이신 하나님과 연결되는 일이다. 동력이 없어 스스로는 굴러갈 수 없는 존재지만 기관차에 연결되면 어디라도 안전하게 도착할 수 있다. 어쩌면 175세의 아브라함은 마지막 종착역 도착을 알리는 안내 방송을 들었을 것이다. 믿지 않는 사람에게 죽음은 두려움과 절망의 시간이지만, 믿는 사람에게 죽음은 마침내 그분과 조우하는 환희와 행복의 시간이다.

4부

# 믿음의 조상으로
# 우뚝 선 아브라함

하나님의 맞춤형 눈높이 교육으로 아브라함은 마침내 하나님께서 의도하신 믿음의 수준에 도달하였다. 그 궁극적인 목적은 아브라함만을 위한 것이 아니라 인류 전체를 위한 큰 그림이요, 구속사적인 측면에서 하나님의 일방적 사랑이었다.

**인터뷰 21.**

## 왜 아브라함은 중재자의 모델인가?

●         "기독교 신앙은 '복음'이라는 한마디로 집약됩니다. 즉 구원의 소망이 전혀 없던 인간에게 하나님께서 자신의 아들을 구원자로 보내 주셨고, 그를 믿는 자는 누구든 멸망에 이르지 않고 구원에 이르도록 해주셨습니다. 예수 그리스도는 중재자의 역할, 다리 역할을 해주시는 분이지요. 그런데 아브라함 님이 먼저 그런 역할을 했다고 생각합니다. 소돔과 고모라를 멸하러 가는 천사들을 만났을 때, 조카 롯을 살리기 위해 정말 끝까지 중재자로 나선 것을 보면요."

"중재자라…. 그런 것 같기도 하네만 사실 나는 엉겁결에 하나님의 천사를 만났고 소돔과 고모라를 멸망하러 가시는 하나님의 계획을 알게 되었다네. 그곳엔 조카 롯이 살고 있었기에 소돔과 고모라가 불 심판을 받는다면 조카도 함께 멸망할 것은 기정사실 아닌가. 조카가 죽게 되었는데 어찌 내가 가만히 있을 수 있겠는가?"

"가만히 있을 수 없는 것, 멸망당할 조카 롯이 불쌍해서 적극적으로 나선 그 마음을 '긍휼'이라고 하는데 아브라함 님의 마음이 그랬단 말씀입니다."

"불쌍하다마다. 갈대아 우르에서 나랑 함께 떠나 애굽 땅에서 함께 고생하고 다시 가나안 땅으로 와서 정착했다가 목초지가 좁아 어쩔 수 없이 나와 헤어졌던 조카일세. 자기가 좋아서 간 소돔이긴 하지만 그 도시가 멸망한다면 롯에겐 아주 억울한 일이 되겠지. 자기 잘못으로 인한 심판이 아니니까."

"하지만, 롯은 이미 그들과 동화되었는걸요?"

"왜 그렇게 생각하는가?"

"일차적으론, 심판의 메시지를 전했을 때 사위들이 농담으로 여겼다는 말이 그렇습니다. 하나님께서 심판하신다는 경고의 메시지를 들었다면 두려움으로 간담이 녹아야 하는데 농담으로 여긴 건 그들에겐 종교적 바탕이 전혀 없었다는 뜻입니다. 그만큼 세속적이었지요. 후에 이스라엘 왕국의 제3대 왕이었던 솔로몬 왕은 지혜의 왕이라고 불리는데 그가 쓴 잠언 1장 7절에서 '여호와를 경외하는 것이 지식의 근본이거늘 미련한 자는 지혜와 훈계를 멸시하느니라'라고 말합니다. 롯의 사위들은 여호와를 경외하기는커녕 멸시했지요."

"정말 그렇구먼. 나도 늘 걱정되는 부분이기도 했어. 롯의 사위도 사위이지만 딸들도 그랬거든. 물론, 내 질부도 그랬고 말이야. 롯의 집은 여호와를 제대로 섬기는 집이 아니었던 게지. 내가 롯에게 제대로 신앙을 전수하지 못했던 거야."

"인정하시는군요. 제가 둘째로 드릴 말씀이 롯의 딸들에 관한 이야기입니다. 소돔과 고모라가 멸망당한 후에 롯의 딸들은 자기들과 혼인할 남자가 다 죽었다는 사실을 알고는 아버지에게 술을 먹인 후에 동침하여 자손을 얻습니다. 이것도 그 지역에 편만했던 사상이었죠. 목적을 위해서라면 어떤 수단도 정당화할 수 있다는 세속적 관점이었습니다. 롯의 두 딸을 통해서 난 자식들이 모압과 암몬의 조상이 되는데, 훗날에 이스라엘 백성을 괴롭히는 족속으로 자리 잡습니다. 물론, 이스라엘 백성은 이들을 괴롭게 하지 않습니다. 롯의 계보를 이어 받았으니 아브라함 님과 무관하지 않기에 오히려 선대합니다."

"정말 그러네. 사실 나도 할 말은 없다네. 내가 갈대아 우르를 떠날 때 롯은 하나님이 아브람 삼촌을 부르셨지 자기를 부르신 것은 아니란 말을 내게 몇 번이나 했어. 그래서 롯은 나를 떠날 때 요단 동편의 좋은 땅을 선택했고 몇 번 이사를 통해 마침내 소돔으로 갔다네. 롯의 입장에선 그곳이 완벽한 곳이었겠지."

"애초에 세상을 따라간 것이었지요. 어쩌면 사위와 딸, 아내보다 롯 자신이 먼저 소돔 사람처럼 되었을지도 모릅니다. 하나님의 천사가 롯의 집에 이르렀을 때 소돔 사람들이 몰려와 새로운 사람들과 성적인 접촉을 하겠다며 손님들을 내놓으라고 했어요. 소돔 사람들 입장에선 오랜만에 성적으로 매력적인 대상이 나타났으니 밤새도록 성적 쾌락을 즐기겠다는 거였지요. 그때 롯은 손님 대신 결혼 안한 자기 딸 둘을 손님 대신 내주겠다고 말합니다. 아무리 손님 대접이 중요하다지만 딸들을 희생시켜가면서까지 그렇게 하려 했을까요? 그런 아버지의 행동에 롯의 두 딸은 또 얼마나 큰 상처를 받았을까요?"

"그러게 말일세. 롯의 가정은 완전 콩가루 집안이었구먼. 그래도 불쌍하지 않은가? 자기가 멸망 받는다는 사실도 모르고 어느 날 유황불을 맞아 죽는다면 그 얼마나 억울하고 안타까운가? 그래서 나는 롯을 위해서라도 어떻게든 소돔과 고모라의 멸망을 막아야 했네."

"그래서 그 유명한 협상 과정에 들어가신 거죠?"

"맞네. 내가 생각해도 참 뻔뻔했지. 뻔뻔해도 어쩌겠는가. 어떻게든 롯을 살리려면 가능성을 높여야 했으니 그럴 수밖에 없었지. 처음에는 의인 50명을 말씀드렸다네. 그리곤 숫자를 줄여나갔는데, 최종적으로 의인 열 명까지 기준을 낮출 수 있었어. 열 명은 집단으로 볼 수 있는 최소한의 숫자였지. 당시만 해도 나는 적어도 롯은 의인의 범주에 포함된다고 생각했고, 롯의 아내와 딸들, 사위, 지인 몇 명쯤은 의인에 해당하는 이들이 있을 것이라고 생각했다네. 그래서 최종 의인 열 명으로 협상을 끝냈을 때는 그래도 소망이 있었어. 물론 소돔과 고모라에서 구름 기둥이 옹기가마의 연기처럼 올라오는 모습을 보면서 물거품이 되었지만 말일세. 그래도 하나님께서는 긍휼을 더하셔서 끝내 롯이 탈출하도록 해주셨어. 내 이름 하나 때문에 말일세. 그분은 정말 의리를 지키는 하나님이야."

> "하나님이 그 지역의 성을 멸하실 때 곧 롯이 거주하는 성을 엎으실 때에 하나님이 아브라함을 생각하사 롯을 그 엎으시는 중에서 내보내셨더라" 창 19:29

롯은 중보자 아브라함 삼촌 덕분에 죽지 않았다. 이것은 우리가 중보자이신 예수님 덕분에 구원을 얻게 된 것과 같다. 우리의 구원은 우리의 의로움이 아니라 우리의 죄를 대신 담당하시고 지금도 끊임없이 중보하시는 예수님 덕분이다. 우리는 괜찮은 존재가 아니다. 우리의 죗값을 대신 계산하신 예수님이 괜찮다고 말하니 괜찮은 존재가 된 것이지, 절대로 괜찮은 존재라서 괜찮다고 칭함을 받는 게 아니다. 그렇게 보면 기독교는 뻔뻔한 종교다. 괜찮지도 않은 존재가 괜찮다고 칭함을 받으니 말이다. 전적으로 하나님의 은혜일 뿐이다. 그래서 기독교의 본질을 아는 사람은 결코 자신을 자랑할 수 없다. 자랑할 만한 그 무엇도 없기 때문이다.

**인터뷰 22.**

# 왜 하나님은 아브라함을 선지자로 세우셨나?

● "제가 아브라함 님을 지칭하면서 결정장애자라고 해서 기분 나쁘실 수도 있다는 생각이 듭니다. 그러나 똑같은 실수를 반복하는 것을 보면 어쩔 수 없잖아요?"

"아이고, 또 뜨끔했네. 혹시 내가 그랄 왕 아비멜렉에게 사라를 또 팔았던 일을 거론하려는 건가?"

"맞습니다. 바로 그 사건 말입니다. 한 번 실수는 병가지상사(兵家之常事)라는 말이 있습니다. 군대를 움직이는 장수도 전쟁에서 실수를 한 번쯤은 할 수 있다는 말입니다. 그런데 아브라함 님의 실수는 고질병이 아닐까 싶은 정도라서요. 어떻게 똑같은 시나리오를 받은 배우처럼 그렇게 똑같이 하셨을까요? 그것도 하나님의 눈높이 교육을 받았고 소돔과 고모라에서 롯을 구해 주신 하나님의 섭리를 보고서도 말이죠."

"그게 내 고질병이라네. 나는 여전히 부족한 사람인 게지."

아브라함은 네게브 땅으로 옮겨 가데스와 술 사이 그랄에 거류하게 되었다. 거기서 사라를 자기 누이라 하였더니 그랄 왕 아비멜렉이 사람을 보내어 사라를 데려갔다. 그러자 하나님이 아비멜렉의 꿈에 나타나셔서 사라가 아브라함의 아내임과 그 일로 인해 재앙이 임할 것을 말씀하셨고, 아비멜렉의 집의 모든 태를 닫으셨다. 아비멜렉은 아브라함이 사라를 누이라고 말했기 때문에 그렇게 한 것이라고 항변하자, 하나님도 그것을 아시므로 아비멜렉으로 하여금 죄를 범하지 않도록 막으려 한다고 말씀하셨다. 그런데 해결하는 방식이 아주 독특하다. 아비멜렉은 잘못이 없고 명백히 아브라함이 잘못한 것임에도 아비멜렉의 회복은 반드시 아브라함의 기도를 통해야 한다는 것이다. 그리고 실제로 아브라함이 기도하자 아비멜렉과 그의 아내와 여종을 치료하사 다시 출산하게 하셨다.

"아브라함이 하나님께 기도하매 하나님이 아비멜렉과 그의 아내와 여종을 치료하사 출산하게 하셨으니 여호와께서 이왕에 아브라함의 아내 사라의 일로 아비멜렉의 집의 모든 태를 닫으셨음이더라" 창 20:17-18

"그런데 뭔가 이상하지 않습니까? 잘못의 주체는 아브라함 님인데 아무 잘못도 없는 아비멜렉이 벌을 받는다는 것 말입니다. 더더욱 이상한 건, 잘못의 주체인 아브라함 님이 기도할 자격이 있을까 하는 것입니다. 왜 하나님은 아브라함 님이 기도해야 아비멜렉이 살 것이라고 하셨을까요?"

"나도 그게 이상했어. 뭐라고 설명할 수가 없었다네. 아비멜렉이 나에게 기도를 요청하러 왔을 때에야 그 이유를 알 수 있었다네. 하나님이 아비멜렉에게 이렇게 말씀하셨다는 거야. '이제 그 사람의 아내를 돌려보내라 그는 선지자라 그가 너를 위하여 기도하리니 네가 살려니와 네가 돌려보내지 아니하면 너와 네게 속한 자가 다 반드시 죽을 줄 알지니라'(창 20:7)라고 말이야. 나를 선지자라고 지칭하셨대. 선지자라면 하나님의 말씀을 받아 전하는 사람 아닌가. 나는 하나님께 선지자로 부름을 받은 거였다네."

"그리고, 이번에도 하나님은 시행자가 되셨네요. 아브라함 님이 기도했을 때 아비멜렉과 그의 아내 및 여종을 고치셨으니까요."

"나는 이 일로 하나님께서 선지자로 부르신 나의 정체성에 대해서 더 깊이 생각하게 되었다네. 내가 어떤 잘못을 하더라도 하나님께서는 나를 버리시거나 폄하하지 않을 뿐 아니라 어떤 신분의 변화도 없다는 것을 알게 되었어. 더더욱 놀란 것은 자네가 금방 말한 것처럼 이번에도 하나님께서는 여전히 시행자의 위치에 서 계셨다는 것이야. 내 말이 곧 하나님의 말씀이 되게 하셨단 말일세. 하나님이 불러 세우신 사람은 세상 누구라도 함부로 정죄할 수 없다는 뜻이기도 해. 내가 기도하지 않는다면 아비멜렉은 고침을 받을 수 없게 되었으니, 아비멜렉 입장에선 나에게 애걸복걸해서라도 나로 하여금 반드시 자기를 위해서 기도하도록 해야 했지. 그러면 과연 아비멜렉이 나를 무시할 수 있을까? 내가 실수하고 약점을 드러낸다고 함부로 정죄할 수 있었을까?"

"하나님 입장에서는 자존심이 아니었을까요? 내가 선택한 나의 종은 내가 알아서 심판할 것이니 너는 입 다물고 있으라는 의미 말이에요. 그리고 한 번 부여하신 선지자라는 정체성이 한낱 사소한 실수 하나로 사라지지 않는다는 것을 보여 주셨고요. 이번 일도 합력하여 선을 이루시도록 만들어 주셨네요."

"그러니 나는 그저 감동할 수밖에 없었어. 나는 부족하기 짝이 없는데 하나님은 나를 부족하다고 말씀하지 않으셨지. 내가 수치를 당하지 않도록, 나의 자존심이 망가지지 않도록 그분이 직접 나서서 변호하시고 지켜 주신 거야."

"좋으신 하나님! 그리고 이번엔 아비멜렉을 통해서 사라도 치유해 주셨네요."

"그렇지. 그 점에서 나는 아비멜렉이 고맙네."

"아비멜렉이 양과 소와 종들을 이끌어 아브라함에게 주고 그의 아내 사라도 그에게 돌려보내고 아브라함에게 이르되 내 땅이 네 앞에 있으니 네가 보기에 좋은 대로 거주하라 하고 사라에게 이르되 내가 은 천 개를 네 오라비에게 주어서 그것으로 너와 함께 한 여러 사람 앞에서 네 수치를 가리게 하였노니 네 일이 다 해결되었느니라" 창 20:14-16

아비멜렉은 신사적인 사람이었다. 사라를 아브라함에게 돌려주었을 뿐 아니라 양과 소와 종들을 아브라함에게 이끌어 주었다. 거기에 덧붙여 그 땅 어디든 원하는 곳에 거주할 수 있는 거주권을 주었다. 또한 뭇사람들 앞에서 은 천 개를 아브라함에게 줌으로써 자신의 실수를 인정함과 동시에 사라가 아브라함의 아내임을 온 천하에 공포하였다. 이것은 사라의 자존심까지 회복시켜 주는 일이었다.

하나님은 어떤 경우에도 인간의 자존심을 짓밟는 분이 아니시다. 아브라함은 이번 사건을 통해서 또 한 번 모든 것이 합력하여 선을 이루는 하나님의 절대적 인도하심을 체험한다. 자신의 연이은 실수로 만들어진 실추된 자존심이 회복되었을 뿐 아니라 더 많은 부를 얻는 기회가 되었다. 그리고 동시에 아브라함으로 하여금 하나님께 부여받은 자기의 권위가 얼마나 큰지를 재확인하게 하셨다. 이젠 그 어느 누구도 아브라함을 향하여 손가락질할 수가 없었다. 아브라함을 처음 부르실 때 약속하신 신적 권위, 그가 축복하면 하나님이 복을 주시고 그가 저주하면 저주가 임하는 것이 온전히 실행되었다.

기독교는 복을 받는 종교라기보다 복을 짓고 나눠주는 종교다. 그러니 믿음의 사람이라면 오늘부터 어디를 가든 복을 먼저 선포하라. 우리는 복을 받아야 할 존재가 아니라 짓고 베푸는 특권을 가진 존재다. 그러니 우리는 언제 어디서든 궁색할 필요가 없다. 어깨를 펴고 당당하게 걸어라. 하나님이 아브라함을 위하시니 아비멜렉이 함부로 대하지 못하는 것처럼, 하나님이 우리를 위하시는데 누가 감히 우리를 함부로 할 수 있을까? 사도 바울은 로마서를 통해서 그 점을 확실히 한다.

> "그런즉 이 일에 대하여 우리가 무슨 말 하리요 만일 하나님이 우리를 위하시면 누가 우리를 대적하리요 자기 아들을 아끼지 아니하시고 우리 모든 사람을 위하여 내주신 이가 어찌 그 아들과 함께 모든 것을 우리에게 주시지 아니하겠느냐" 롬 8:31-32

예수님께서도 70명의 전도대를 파송하시면서 아브라함에게 주신 신적 권위를 부여하셨다.

"또 그 집에 들어가면서 평안하기를 빌라 그 집이 이에 합당하면 너희

빈 평안이 거기 임할 것이요 만일 합당하지 아니하면 그 평안이 너희에게 돌아올 것이니라 누구든지 너희를 영접하지도 아니하고 너희 말을 듣지도 아니하거든 그 집이나 성에서 나가 너희 발의 먼지를 떨어 버리라 내가 진실로 너희에게 이르노니 심판 날에 소돔과 고모라 땅이 그 성보다 견디기 쉬우리라" 마 10:12-15

그러니 전도할 때 "제발 예수 좀 믿어 주세요"라고 구걸하듯 할 게 아니라 "예수 믿으세요. 당신도 나처럼 될 수 있어요"라고 말하라. 왜냐하면 하나님의 택한 백성은 하나님의 권능을 동시에 가졌기 때문이요, 그 권능을 통해 예수님보다 더 큰일도 하는 존재이기 때문이다.

"내가 진실로 진실로 너희에게 이르노니 나를 믿는 자는 내가 하는 일을 그도 할 것이요 또한 그보다 큰 일도 하리니 이는 내가 아버지께로 감이라" 요 14:12

제자란 스승의 가르침대로 행하는 자이기도 하면서 동시에 스승을 넘어서는 존재여야 한다. '청출어람청어람(靑出於藍靑於藍)'이란 말처럼 모든 스승은 자신의 제자가 자기를 넘어서는 유능한 존재이기를 희망한다. 실제로 예수님께서도 3년 동안 열두 제자를 양성하셨다. 그리고 자신의 승천 이후 제자들이 위대한 일을 하리라는 것을 아셨다. 그러니 그리스도의 제자로 부름을 받았다면 반드시 스승보다 위대한 능력자가 되어야 한다. 제자라는 말은 '제대로 자란 사람'의 약자이니 부족한 것이라곤 하나도 없다. 이미 충분하고 이미 능력자니 당당하게 선포하고 외치고 나아가라.

인터뷰 23.
# 왜 하나님은 하갈과 이스마엘을 분리시키셨나?

● "드디어 약속의 아들이 탄생했을 때 정말 온통 웃음이었겠어요."

"그렇다마다. 나도 그렇지만 사라가 얼마나 기뻐했는지 몰라. 하나님은 정말 말씀하신 대로 약속을 이행하셨지. 그 덕분에 주변의 모든 사람이 웃었다네."

> "여호와께서 말씀하신 대로 사라를 돌보셨고 여호와께서 말씀하신 대로 사라에게 행하셨으므로 사라가 임신하고 하나님이 말씀하신 시기가 되어 노년의 아브라함에게 아들을 낳으니" **창 21:1-2**

"그런데, 이삭이 태어남으로 인해 고민이 생기셨지요? 젖 뗀 날 축하 잔치에서 이스마엘이 이삭을 놀려먹었고, 이것을 본 사라 님이 그만 뚜껑이 열려 버린 것이죠. 그리곤 하갈과 이스마엘을 쫓아내라

4부 믿음의 조상으로 우뚝 선 아브라함

고 난리를 쳤던 것이구요. 그런데 사실, 사라 님의 행동은 정당하다고 인정받기 어려운 일 아닐까요? 하갈은 주인이 시키는 대로 했을 뿐인데 말이에요. 또 급할 때는 부탁을 하듯 해놓고 막상 자기가 아들을 낳은 후부터는 하루아침에 찬밥 취급하니 하갈도 엄청난 배신감을 느꼈을 것 같네요."

"글쎄 말이야. 나도 솔직히 사라의 태도가 마음에 들지 않았지. 그런데 이상한 것은 하나님께서 사라의 편을 드셨다는 거야. 사라의 말이 맞으니 사라가 시키는 대로 하라고 하셨어."

"그러게요. 그 이유가 무엇이었을까요?"

"다른 건 몰라도 가족 관계 안에서만큼은 여자가 훨씬 더 현명하다는 말씀이셨을 거야. 또 하나님께서도 처음 내가 보험용으로 롯을 데려왔을 때 그를 분리시키신 것처럼 두 번째 보험인 이스마엘도 분리시키려는 계획을 하셨을 테고. 이때는 그 의도를 충분히 알 만 했지."

"그런데 사라 님도 잘못이 있기는 했지만 사건의 시발점은 애초부터 이스마엘이 제공한 것 아닌가요?"

"맞아. 이삭이 젖 뗄 때 내가 큰 잔치를 베풀었는데 이스마엘이 이삭을 놀렸거든."

"그날만 놀렸을까요. 사라가 그렇게 분개한 것은 누적된 감정이 폭발했기 때문일 거예요."

당시 고대 근동에서 여인이 아이 젖을 뗀다는 것은 오늘날과는 조금 다르다. 아이의 나이가 생후 몇 개월 정도가 아니라 적어도 자기 앞가림을 할 정도의 나이를 일컫는다. 그러니 짧게 잡아도 대여섯 살 정도, 길게 잡으면 일고여덟 살은 되었다는 뜻이다. 우리나라로 말하면 학령기 이전의 나이로 엄마를 통해 기본 애착과 인성을 형성하는 시기다.

이삭과 이스마엘의 나이 차가 열네 살이라고 하면 이스마엘은 스무 살을 넘긴 때였다. 이미 2차 성징을 통해서 완전한 어른으로 성장했고 외향성에 거침없는 성격이라 비아냥거림과 거들먹거림이 일상이었을 것으로 추측해 볼 수 있다. 그런 이스마엘이니 젖 떼는 잔치에서 어린 동생을 다정하게 축복해 주기보다 빈정거리고 골려 먹는 대상으로 삼았을 것이다. 또한 그날만 그런 게 아니라 계속 그렇게 해온 것을 사라가 알고 있다가, 그날 마침내 폭발했다고 보는 것이 맞을 것이다.

이스마엘은 외배엽의 신체라 어깨가 떡 벌어진 역삼각형의 체형에 활동을 좋아하는 기질이었을 것이다. 그 때문에 아버지 아브라함이 섬기는 여호와에 대한 신앙심이 제대로 자리 잡지 못했을 것으로 볼 수 있다. 이스마엘은 아버지 쪽이 아니라 어머니 하갈과 더 깊이 연합되어 있었다. 하갈 역시 아브라함으로부터 분리된 후에 자신의 고향인 애굽에서 이스마엘의 아내로 삼을 여인을 데려왔다. 그래도 하나님은 이스마엘에게 걸맞는 은혜를 베풀어 주셨다.

> "하나님이 그 아이와 함께 계시매 그가 장성하여 광야에서 거주하며 활 쏘는 자가 되었더니" 창 21:20

이스마엘이 어미 하갈과 함께 아브라함한테서 쫓겨난 후에 모자가 함께 브엘세바 광야에서 방황한다. 가죽부대의 물이 다 떨어지자 하갈은 통곡하였는데 이스마엘도 함께 울었던 것으로 보인다. 성경은 하나님께서 그 어린아이의 소리를 들으셨다고 표현한다. 결국 하갈의 눈을 밝혀 샘물을 찾게 하신다. 그 당시 광야 가운데 있는 샘물은 깊이 판 구멍을 통해 그 밑바닥에 물이 모이도록 만들어져 있었다. 먼지나 흙이 들어가지 않도록 입구를 덮어 두었는데 눈여겨 보지 않으면 지나치기 쉬운 구조였다. 하갈과 이스마엘은 그 샘물을 찾아 목마름을 해결했던 것이다.

    이스마엘도 한 민족을 이루게 해주실 것이라는 하나님의 약속으로 아브라함은 적잖은 위로를 받았을 것이다. 하갈과 이스마엘은 그저 한 번 쓰고 버리는 일회용품이 아니라 하나님의 약속을 받아서 분리되어 독립하는 주체로 우뚝 선 것이다. 하갈을 통해 얻은 이스마엘이 비록 아브라함의 불신이 초래한 결과였지만 하나님은 그마저도 선으로 바꾸어 주셨다. 아브라함으로선 그마저도 하나님의 섭리와 사랑이었음에 감사할 것밖에 없었다. 하나님은 아주 세심한 부분까지도 배려하시는 분이었다.

**인터뷰 24.**
# 왜 강자가
# 약자에게 절절매나?

● "아비멜렉이 군대장관 비골과 함께 찾아온 일에 대해서 어떻게 생각하십니까? 좀 어리둥절하지 않으셨어요? 우물을 뺏을 땐 언제고 또 그렇게 찾아와서 싹싹 빌 듯하는 건지…. 그가 그렇게 온 건 상호불가침조약을 맺자는 것이었잖아요."

"우물 뺏은 건 자기도 모르는 일이었다고 얼버무리더군."

"아비멜렉 입장에선 상호불가침조약을 체결할 이유가 없었죠. 자기는 도시 국가의 수장이고 아브라함 님은 일개 족장에 불과했으니까요. 자기가 군대를 일으켜 쳐들어온다면 하루 싸움 거리도 안 될 대상임을 알고 있었을 텐데 말이죠. 그런데 상호불가침조약을 먼저 체결하러 온 모양새를 보면 자기 계산으론 설명할 수 없는 뭔가를 느꼈다는 뜻이고, 나중에 생길 위협을 미리 막자는 것이었거든요. 그날 그들의 표정은 어땠나요?"

"아주 굽신굽신하더군. 거들먹거리는 태도는 일체 없었어."

"왜 그들이 먼저 와서 그렇게 납작 엎드렸을까요?"

"그들이 이렇게 말하더군. '네가 무슨 일을 하든지 하나님이 너와 함께 계시도다.' 그들이 나는 어떻게 할 수 있겠지만 내 뒤에 계신 하나님은 그럴 수 없단 것을 알았단 거지. 그러면서 애원하듯 말하더라고. '그런즉 너는 나와 내 아들과 내 손자에게 거짓되이 행하지 아니하기를 이제 여기서 하나님을 가리켜 내게 맹세하라 내가 네게 후대한 대로 너도 나와 네가 머무는 이 땅에 행할 것이니라'라고 말이야."

"그러니까 아비멜렉의 말은, 그동안 아브라함 님의 배경에 하나님이 계신다는 것을 확실히 보았다는 말이군요. 동시에 아브라함 님의 후손들이 많아질 것을 예측하여 보았다는 말이고요. 더구나 누가 봐도 명백하게 아브라함 님이 하신 실수인데 그것까지도 덮으면서 보호해 주는 것까지 보았으니, 아브라함은 자기들이 건드릴 대상이 아니라는 것을 확실히 안 것입니다. 역시 상황 파악을 잘 하는 지혜로운 사람이네요."

"그렇다네. 그래서 난 계약에 응했어. 그리고 이 사람의 태도가 확실한지를 한 번 시험해 보고 싶었네. 이전에 우물을 뺏긴 적이 있었지만 나는 소수고 거긴 다수라 내가 뭐라고 말할 처지가 못 됐거든. 그래서 내친 김에 우물 사건에 대해서 가타부타 못하도록 새끼 양 일곱 마리를 주면서 우물 판 증거를 삼았지. 즉 이 우물은 아브라함 것이라는 것을 확실히 한 셈이라네."

"그 우물이 브엘세바, 즉 맹세의 우물이죠?"

"맞아. 그럼으로써 나는 또 하나의 증거물을 확보한 셈이라네. 이삭을 볼 때마다, 내 생식기에 새겨진 할례의 표식을 볼 때마다, 브엘세바 우물을 볼 때마다 하나님의 약속을 확인할 수 있었지. 또한 하나님께서는 내가 어떤 실수를 하고 어떤 잘못을 저지른다 할지라도 그분께서 의도하시는 길로 반드시 이끌어 가신다는 것을 믿게 되었다네. 그분은 내가 생각하는 것보다 훨씬 더 크고 넓으신 분이라네. 가히 내가 생각하지 못했던 부분들까지 생각하시는 분이셨고, 내가 기대하는 것보다 더 많은 것을 주시는 분이셨지."

아브라함은 잠시 말을 끊었다.

"그래서 나는… 그분을 온전히 믿게 되었네. 그것만이 내가 할 일이었어. 연약하고 수준도 낮은 나의 믿음을, 일련의 사건들을 통해서 한 단계씩 성숙시키셨다는 것을 받아들일 수밖에 없었다네. 그 또한 전적으로 그분의 인도하심이지 나의 믿음이나 공로에 의한 게 아니라네. 나는 그저 감사할 것밖에 없고, 또한 모든 것을 그분에게 맡기는 수밖에 없었어. 그분이 뭐라 말씀하시든 오롯이 순종하는 것만이 내가 할 일이었지."

"그럼 브엘세바에 에셀 나무를 심은 것도 그런 차원인가요?"

"그렇지. 그건 내가 스스로 준비한 증표라네. 그 나무를 볼 때마다 하나님께서 어떻게 나를 인도하셨는지를 확인할 수 있는 표식이었거든. 그것도 브엘세바 옆에 있는 나무니까 말일세. 하나님께서 나에게 어떤 표식을 남기려 하셨으니 나도 스스로를 위해서 뭔가 표식을 만들어야 하지 않겠는가? 그 정도 성의는 보이는 게 맞다 생각하네. 우리가 앞에서 선악과 이야기를 할 때 선악과 나무의 크기가 아주 컸다고 했지 않은가? 에셀 나무는 그런 나무였다네. 아주 큰 나무였으니 나는 에셀 나무를 볼 때마다 하나님의 약속을 생각하고 그분을 향한 믿음을 굳건히 할 수 있었어."

이삭도 아비멜렉이 군대장관 비골과 함께 아버지 아브라함을 찾아와 상호불가침조약을 맺자고 먼저 요구하는 과정을 지켜보았을 것이다. 그리고 하나님이 배경이 되시는 것이 얼마나 큰 힘인지를 보았을 것이다. 그리고 동시에 아버지 아브라함을 선택하신 하나님이 자기를 통해서도 그분의 위대한 업적을 이루어 가실 것을 확신했을 것이다. 아버지의 신앙은 곧 자신의 신앙으로 이어졌다.

그런 까닭에 이삭은 나중에 우물 문제로 다툼이 있었을 때 양보하는 쪽을 선택했다. 목축을 하는 사람에게 우물은 생명과도 같은 것임에도 이삭은 다투는 대신 조용히 물러났다. 불편과 억울함을 감수했다. 그러다 마침내 르호봇에 이르렀는데 거기서 모든 것이 완벽했고 더욱 번성할 수 있었다. 이삭은 인간의 계산으론 억울하고 손해인 것 같지만 신뢰하면 언제나 최선으로 갚아 주시는 하나님을 믿었다. 그리고 그것은 실제로 드러났다.

> "이삭이 그 땅에서 농사하여 그해에 백 배나 얻었고 여호와께서 복을 주시므로 그 사람이 창대하고 왕성하여 마침내 거부가 되어 양과 소가 떼를 이루고 종이 심히 많으므로 블레셋 사람이 그를 시기하여 그 아버지 아브라함 때에 그 아버지의 종들이 판 모든 우물을 막고 흙으로 메웠더라" 창 26:12-15

이때 이삭은 가나안 땅을 떠나서 이웃 해변 쪽의 나라 블레셋 땅 그랄로 이민 가 있는 상태였다. 온 땅에 또 기근이 들었다. 예전 아브라함의 실수를 알고 계셨던 하나님은 이삭으로 하여금 애굽으로 가지 말라고 미리 경고하셨다.

> "여호와께서 이삭에게 나타나 이르시되 애굽으로 내려가지 말고 내가 네게 지시하는 땅에 거주하라" **창 26:2**

그리고 아브라함과 약속하신 것처럼 동행의 약속, 번영의 약속을 하셨다. 그렇게 이주한 블레셋 땅 그랄에서 이삭은 아버지와 동일한 실수를 범한다. 아내 리브가를 팔아먹은 것이다. 결정장애자였던 아버지의 속성을 그대로 이어받았다. 그런데 이때는 블레셋 왕이 나서서 사건을 해결한다. 이삭이 리브가를 껴안은 것을 보고 리브가가 이삭의 아내임을 알게 된 그는, 이삭이나 그의 아내를 범하는 자는 죽이겠다(창 26:11)고 온 나라에 공포하여 이삭의 보호자로 나선다.

더더욱 놀라운 일은, 기근이 들었던 그 땅 그해에 이삭이 농사하였는데 100배나 거두었다는 사실이다.

> "이삭이 그 땅에서 농사하여 그해에 백 배나 얻었고 여호와께서 복을 주시므로 그 사람이 창대하고 왕성하여 마침내 거부가 되어 양과 소가 떼를 이루고 종이 심히 많으므로 블레셋 사람이 그를 시기하여 그 아버지 아브라함 때에 그 아버지의 종들이 판 모든 우물을 막고 흙으로 메웠더라" **창 26:12-15**

여기서 '그해', '그 땅'이라고 표현한 곳의 관사를 눈여겨봐야 한다. 온 땅에 기근이 임했으므로 객관적으로 농사가 불가능한 시간과 장소를 말한다. 그런데 여호와께서 복을 주셨기에 그해에 그 땅에서 100배나 거둘 수 있었다. 이로써 블레셋 사람들의 시기를 받아 우물을 빼앗기게 되었다. 그러나 이삭은 다투지 않고 계속 양보하면서 브엘세바로 옮겨 간다. 누군가 나를 시기하고 해코지 할 때 억지로 맞서 싸울 필요가 없다. 때론 양보하고 물러나는 것도 좋은 방법이다. 왜냐하면 하나님께서 궁극적으로 더 좋은 길로 인도하여 주시기 때문이다.

이삭은 아버지 아브라함이 상호불가침조약을 맺었던 브엘세바에서 자기도 똑같이 상호불가침조약을 맺는다. 블레셋 왕 아비멜렉이 그 친구 아훗삿과 군대 장관 비골을 데리고 와서 상호불가침조약을 요구하는데 아버지 아브라함 때와 똑같은 이유에서였다. 그들 역시 납작 엎드리는 태도를 보였다.

> "그들이 이르되 여호와께서 너와 함께 계심을 우리가 분명히 보았으므로 우리의 사이 곧 우리와 너 사이에 맹세하여 너와 계약을 맺으리라 말하였노라 너는 우리를 해하지 말라 이는 우리가 너를 범하지 아니하고 선한 일만 네게 행하여 네가 평안히 가게 하였음이니라 이제 너는 여호와께 복을 받은 자니라" **창 26:28-29**

하나님께서 이삭과 동행하신다는 사실을 이방인의 입을 통해서 확증하셨다. 이삭은 여호와께 복을 받은 자, 여호와께서 배경이 되는 사람으로 절대로 건드릴 수 없는 대상임을 재확인했다. 그래서 하나님과 동행하는 사람은 세상이 건드리지 못할 자가 된다. 크리스천은 당당해야 할 이유가 충분하다. 왜냐하면 크리스천은 세상이 감당치 못할 자이기 때문이다(히 11:38).

초대 교부 크리소스톰은 황금의 입이라 불리는 설교자였다. 그가 로마 황제의 핍박을 받아 옥에 갇혔다. 황제가 그를 죽이라고 하자신하가 만류하였다.

"안 됩니다. 크리스천은 순교당하는 것을 가장 큰 영광으로 생각합니다. 그를 죽이면 그에게 가장 큰 기쁨을 주는 것이지 벌을 주는 게 아닙니다."

그러자 황제가 말했다.

"그럼 극악무도한 흉악범들이 갇힌 곳에 집어넣어라."

그러자 신하가 또 만류했다.

"안 됩니다. 만약 거기에 가두면 머지않아 흉악범들 전부가 예수 믿는 사람으로 바뀔 겁니다. 그에게 전도의 기회를 주는 결과가 됩니다."

그러자 황제가 화를 내면서 말했다.

"그럼 아무도 없는 독방에 가두어라."

그러자 신하가 또 만류했다.

"안 됩니다. 그를 혼자 가두면 그는 거기서 자기가 믿는 하나님께 내내 기도하고 묵상하면서 하루 종일 찬송을 불러 댑니다. 벌이 아니라 안식을 제공하는 겁니다."

그러자 분노가 치밀어 오른 황제가 팔짝팔짝 뛰면서 이렇게 외쳤다.

"도대체 이놈을 어떻게 해야 한다는 말이야 응?"

4부 믿음의 조상으로 우뚝 선 아브라함

**인터뷰 25.**

# 왜 하나님은
# 이삭을 바치라 하셨나?

●     "정말 이해하지 못할 부분은, 하나님이 하나밖에 없는 아들, 그것도 늘그막에 겨우 얻은 이삭을 번제로 바치라는 부분입니다. 이건 상식적으로도 말이 안 되는 것이었거든요. 도대체 하나님은 왜 그런 명령을 하셨을까요? 전 이 부분을 읽을 때 하나님이 무슨 식인종이신가 하는 생각까지 했다니까요. 하나님의 황당한 요구를 듣고 첫 심정은 어떠셨어요? 몇 날 며칠 고민하지 않으셨어요?"

이 질문에 나는 아브라함이 꽤 뜸을 들인 후에 답을 할 것으로 예상했다. 그런데 아브라함은 일말의 망설임 없이 즉각 대답했다.

"그때의 나는 고민하지 않았다네. 아마 갈대아 우르를 떠날 때의 나였다면 곧장 번민 속에 빠져 몇 날 며칠 동안 마음의 고통을 겪었겠지. 그런데 그때는 그저 하나님의 말씀이라면 순종해야겠다는 생각만 있었어."

"아무리 그래도 말이죠. 모순도 그런 모순이 없잖아요? 아들을 통해서 그 자손이 하늘의 별과 같이 바닷가의 모래처럼 많도록 하겠다고 하셔놓고 그 아들을 번제로 바치라니…. 그렇게 이삭이 죽으면 그 모든 약속은 어떻게 되는 건가요? 말 자체가 성립이 안 되는 것인데 말입니다."

"말이 안 되지. 일리라곤 전혀 없는 말씀이었고 말이야. 그래도 나는 적어도 하나님이 스스로를 모순 상황에 넣지는 않으리라 생각했어. 그동안 내가 살아온 과정에서 내가 모순되는 행동을 했을 때도 하나님은 늘 최선의 선택으로 최상의 결과를 얻도록 만들어 주셨으니까. 심지어 수치로 얼룩진 내 선택의 결과를 전화위복으로 바꾸어 주셨을 뿐 아니라 땅바닥에 떨어진 내 자존심도 회복시켜 주시기까지 하셨다네. 그리고 인간의 시각에서 불가능한 일도 그분은 얼마든지 하실 수 있어. 나는 전능하신 하나님을 믿는다네."

"자손이 하늘의 별처럼 바닷가의 모래처럼 많게 하겠다는 말씀은 사명이고 아들을 번제로 바치는 것은 상황인데, 이렇게 사명과 상황이 모순될 때는 어떻게 해야 할까요? 저도 신앙생활 하면서 이런 일이 생기면 정말 난감하거든요."

"우선순위를 따지자면, 사명과 상황이 충돌할 때는 사명을 따라야 해. 나는 평생 그것을 배운 거야. 하나님께서 그것을 일깨우시느라 오랜 시간이 걸렸지. 나는 배우는 데 굼뜨고 믿음이 약했거든. 수많은 사건들을 통해서 하나님이 어떻게 역사하시는지를 직접 눈으로 본 뒤에야 믿게 되었으니까 말이야."

"그럼 이삭이 죽지 않을 것을 믿었단 말씀인가요? 하나님께서 대신 다른 것으로 대체하실 것도 아셨단 건가요?"

"거기까진 아닐세. 전능하신 하나님이시니 적어도 이삭이 죽더라도 다시 살아올 것을 믿었다네. 그때의 나는 여호와를 믿는 믿음에 흔들림이 없었지."

아브라함이 이렇게 말할 때 나는 히브리서 11장을 떠올렸다. 믿음장이라 불리는 히브리서 11장에는 믿음의 선진들이 보였던 신앙의 태도를 언급하고 있었다. 아브라함에 대해서도 이렇게 말하고 있다.

> "아브라함은 시험을 받을 때에 믿음으로 이삭을 드렸으니 그는 약속들을 받은 자로되 그 외아들을 드렸느니라 그에게 이미 말씀하시기를 네 자손이라 칭할 자는 이삭으로 말미암으리라 하셨으니 그가 하나님이 능히 이삭을 죽은 자 가운데서 다시 살리실 줄로 생각한지라 비유컨대 그를 죽은 자 가운데서 도로 받은 것이니라" **히 11:17-19**

이것은 아브라함의 말에서도 확인할 수 있다. 아브라함이 이삭과 떠날 때 나귀에 안장을 지우고 두 종을 데리고 갔는데, 사흘 길을 간 후에 마침내 모리아 산이 보이는 지점에 이르자 이삭만 데리고 가면서 두 종에겐 기다리라고 말한다.

> "이에 아브라함이 종들에게 이르되 너희는 나귀와 함께 여기서 기다리라 내가 아이와 함께 저기 가서 예배하고 우리가 너희에게로 돌아오리라 하고" **창 22:5**

여기서 주목할 단어는 '우리(we)'라는 복수형이다. 만약 이삭을 죽여 번제로 드리고 돌아온다면 아브라함은 '나'라는 단수가 된다. 우리라는 복수는 혼자가 아님을 전제하고 있다. 피상적인 말로 그저 위로나 얼버무리는 말로 해석할 수도 있겠지만 이것은 아브라함의 분명한 믿음을 말해 주고 있다. 아버지 아브라함과 함께 걷던 이삭이 묻는다. "불과 나무는 있는데 번제할 어린 양은 어디 있나이까?" 이에 아브라함은 "내 아들아 번제할 어린 양은 하나님이 자기를 위하여 친히 준비하시리라"라고 답한다. 그리고 모리아 산에 도착해서는 이삭을 결박하고 칼을 잡고 잡으려 한다. 그때 여호와의 사자가 급히 나타나 아브라함을 만류한다. 마침 한 숫양이 수풀에 걸려 있는 것을 아브라함이 본다. 정말 아브라함의 말처럼 하나님이 자신을 위하여 준비해 놓으셨다. 이번에도 아브라함이 한 말에 하나님이 시행자가 되셨다.

많은 신앙인들이 삶에서 여호와 이레를 고백한다. 모든 것을 예비하신 하나님에 대한 감사의 고백이다. 이삭 대신 숫양을 번제로 드림으로써 아브라함은 이삭을 바친 것으로 간주된다. 이로써 아브라함은 절대순종의 믿음도 확증 받았고 부활한 이삭도 돌려받았다. 두 마리 토끼를 다 잡았다. 결정장애에 걸려 머뭇거리면 두 마리 토끼를 다 잃을 수 있지만 절대순종을 선택하면 두 마리 토끼를 다 잡을 수 있다.

"그런데, 정말 왜 하나님은 이런 방식을 말씀하셨을까요?"
"그땐 몰랐는데 나중에 깨닫게 되었다네. 내가 살던 지역에서는 많은 자손을 얻기 위한 목적으로 첫 아들을 바치는 풍습이 일반적이었어. 나는 그런 장면을 자주 보았지. 결국 하나님께서는 나로 하여금 첫 아들 이삭을 바쳐서 더 많은 자손을 얻을 수 있다는 것을 보여 주신 것이야. 결과적으로 나는 첫 아들을 바친 셈이 되었고 이제 하나님은 많은 자손을 주셔야만 하는 명분을 얻은 셈이지. 약속을 한 번 더 보증해 주신 일이었어."

"명분이라는 표현을 쓰니, 아, 전율이 흐르네요! 저는 왜 하나님이 하나밖에 없는 아들을 바치라고 했는지, 왜 아브라함 님을 믿음의 조상이라고 칭하는지 그 이유를 명분이라는 말을 들으니 이제 알 것 같네요."

"오! 그런가? 나도 궁금하네. 빨리 설명해 주시게."

"아브라함 님이 아들을 바친 것으로 간주되었을 때 하나님께서 하신 말씀이 뭔지 기억하시나요?"

"알다마다. '그 아이에게 네 손을 대지 말라 그에게 아무 일도 하지 말라 네가 네 아들 네 독자까지도 내게 아끼지 아니하였으니 내가 이제야 네가 하나님을 경외하는 줄을 아노라'(창 22:12)라고 하셨지."

"바로 그겁니다. 바로 그것! 그게 명분이었어요."

"명분? 명분이라니…."

"하나님께서는 죄에 빠진 인간을 구원하시기 위해 자신의 독생자를 보내어서 구원의 길을 열어 주고픈데 마땅한 명분이 없었거든요. 물론 하나님이시니 일방적으로 보내 주실 수도 있으셨지만 그렇게 되면 인간 편에서의 자존심이 세워지지 않으니까요."

"명분은 뭐고 자존심은 또 뭔가? 아리송한 말만 하지 말고 좀 더 상세하게 설명해 주게."

"그러니까 인간을 짝사랑하신 하나님께서는 죄악으로 멸망할 수밖에 없는 인간들의 구원을 위해 당신의 하나밖에 없는 아들 예수를 인류를 위한 화목제물로 보내려고 작정하셨습니다. 그런데 거기에 합당한 명분이 없었어요. 하지만 인간의 대표자인 아브라함 님이 자신의 아들을 먼저 아낌없이 내어놓았습니다. 그러니 하나님 쪽에서도 자신의 아들을 내어놓을 이유가 생긴 것이지요. '네가 그렇게 하니 나도 이렇게 하겠다'라는 것입니다. 그래서 그리스도를 이 땅에 보내 주신 것은 그분의 긍휼에 바탕을 둔 일이지만, 인간 편에서 먼저 헌신했기 때문에 하나님도 가만히 있을 수 없으셨다는 것이지요. 그러니까 인간 편에서 가장 귀중한 것을 먼저 바치는 헌신을 했기 때문에 하나님께서도 가장 귀한 것을 줄 수 있는 명분을 얻었단 말입니다. 그냥 공짜로 주신 게 아니란 거예요. 인간 쪽에서 그 대가를 먼저 지불했기 때문에 하나님께서도 대가에 합당하게 독생자를 구원자로 보내 주신 것이지요."

"아! 그렇게 깊은 뜻이…."

"그래서 인간 편에서의 대표자가 필요했고 바로 아브라함 님을 그 대표자로 선정하신 것이지요. 만약 아브라함 님이 아니라 또 다른 사람을 선택하여 부르셨다 하더라도 하나님은 반드시 아들을 바치라는 황당한 요구를 하셨을 것입니다. 또 그는 마침내 아들까지 아낌없이 바치는 순종의 사람이 되어야만 했을 겁니다. 왜냐하면 하나님께서 반드시 그를 그런 사람으로 만드셨을 테니까요."

"아!"

아브라함은 긴 깨달음의 한숨을 쉰 후 한동안 말이 없었다. 지그시 감은 눈에서 눈물이 흘렀다. 그건 회한의 눈물이 아니라 감사의 눈물이었다. 그분의 오묘하신 섭리에 전율을 느끼는 듯했다. 그분의 오래 참으심과 세심함에 감사했다. 그리고 먼 후대에까지 이어진 오랜 구속사를 들으면서 고개를 연신 끄덕였다. 그리고 자신이 아들까지 바친 믿음의 조상이 된 것은 인간 편에서의 자존심을 하나님이 세워 주신 일이었다. 하나님의 목소리가 들리는 듯했다.

"네가 나에게 그렇게까지 하는데 내가 어찌 가만히 있을 수 있겠느냐?"

"네가 먼저 가장 소중한 아들을 바쳤으니 나도 내 독생자를 기꺼이 내어줘야지."

하나님은 아들만 보내 주신 것이 아니었다. 아들뿐 아니라 성령님까지 보내 주셔서 구원 이후의 삶을 보장해 주셨다. 아브라함은 아들 하나만 바쳤지만 하나님께서는 독생자 아들은 물론 성령님까지 보내 주셨다.

나는 아브라함과 대화를 나누면서 '밥퍼' 사역의 최일도 목사 일화가 생각났다.

최 목사가 청량리에서 노숙자들에게 냄비 하나로 라면을 끓여 주는 일로 다일공동체의 사역을 시작했을 때였다. 점차 인원이 늘어났고 후원자들도 늘었다. 라면을 제공하다가 그래도 제대로 된 식사를 위해 밥을 제공하기로 하였다. 그렇게 밥을 제공하던 어느 날이었다. 봉사자 한 사람이 "자! 마음껏 드십시오. 공짜니까 마음껏 드셔도 좋습니다"라고 큰 소리로 외쳤다. 그런데 밥을 받아먹던 한 사람이 기분 나쁜 목소리로 이렇게 말했다. "쳇! 우리가 거지냐? 공짜로 얻어먹게!"

최 목사는 이 말을 흘려듣지 않았다. 그리고 고민했다. 아무리 가난하고 아무리 힘든 상황에 있어도 인간에게는 마지막 순간까지 자존심이 남아 있다는 생각이 들었다. 그렇다면 밥을 무료로 제공하여 얻어먹거나 빌어먹는 느낌이 들지 않게 해야 했다. 값을 받고 팔기로 하고 100원의 식비를 책정했다. 그때부터 급식소 입구에는 처음 라면을 끓여 주었던 냄비를 걸어 놓았고 사람들은 거기에 100원짜리 동전을 넣고 밥을 사먹기 시작했다. 그러던 어느 날 어떤 노숙자 한 분이 친구들을 데리고 와서 동전 몇 개를 냄비에 떨어뜨린 후에 당당한 목소리로 말했다. "오늘은 내가 살 테니 자 다들 마음껏 먹어!" 그날 냄비에 떨어지는 동전의 소리는 자존심을 살리는 소리였다. 그렇게 말하는 사람의 어깨엔 힘이 잔뜩 들어가 있었고 눈동자는 밝게 빛나고 있었다.

하나님께서 아브라함에게 하나밖에 없는 아들을 바치라고 한 것은 인간의 자존심을 세워 주기 위함이셨다. 원죄로 인해 스스로 구원할 수 없게 된 인간에게는 구원자가 전적으로 필요하지만 그냥 공짜로 주지 않으시고 인간 편에서 먼저 자기 아들을 바친 일을 했기에 하나님 당신께서도 거기에 대한 응답으로 독생자 예수를 보내주셨다. 공짜로 주신 게 아님을 보여 주시면서 인간의 자존심을 끝까지 지켜 주신 것이다.

하나님은 어떤 경우에라도 인간의 자존심을 짓밟지 않으신다. 아브라함과 이삭과 야곱 3대에 걸쳐 지속적으로 실수하고 잘못을 범하는 중에도 그들의 자존심만은 실추되지 않도록 하셨다. 아브라함이 애굽에서 마누라 팔아먹었던 일, 아비멜렉에게 또 팔아먹었던 일, 하갈과 이스마엘 사건, 이삭이 마누라 팔아먹은 일이나 편애로 빚어진 실수, 야곱이 고향으로 돌아올 때 빈손으로 오지 않게 하셨고 얍복 강 나루에서 완전히 무력한 존재로 만드신 후에 오히려 이스라엘이란 이름을 얻게 하신 것 등 일련의 사건은 그들의 자존심을 끝까지 지켜 주신 일이었다. 인간은 마지막 순간까지 자존심을 생각하는 존재다. 자존심을 세워 주는 일만큼 아름다운 일이 없고 자존심을 짓밟는 것만큼 분노를 유발하는 일도 없다. 자존심이야말로 살아가는 에너지다.

자존심을 짓밟는 행위는 관계를 깨뜨리기로 작정했다는 뜻이다. 2007년 김요한의 연세대 박사논문 〈이혼 소송 중인 부부의 부부 관계 와해과정 연구〉에서 그것을 명확히 밝히고 있다. 표면적으로 드러난 이혼의 사유는 사실 명백한 이유가 아니었다. 놀랍게도 당사자들 역시 이혼까지 갈 문제는 아니라고 했다. 그럼에도 불구하고 이혼을 고집하는 것은 문제를 다루는 과정에서 상대에게 자존심을 짓밟힌 행위 때문이었다. 그래서 부부는 싸움을 하더라도 배우자의 자존심을 건드려선 안 된다. 싸우더라도 링 위에서 글러브를 끼고 싸워야 시합이지 링 밖에서 글러브도 없이 때리면 폭력이요, 그로 인해 상해가 생기거나 죽으면 폭행이요 살인이 된다.

나도 오래 전에 이혼 소송 진행 중인 부부를 상담했던 적이 있었다. 몇 번의 상담이 진행되는 동안 부부는 많은 것을 깨달았고 이혼 소송을 취하할 의사까지 보일 정도로 진전되고 있었다. 나는 한 부부를 구할 수도 있겠다는 희망으로 부풀었다. 그러던 어느 날, 부부는 끝내 이혼했고 상담도 중단되었다. 남편이 어느 날 술을 잔뜩 마신 후 자정이 넘은 시각에 처가에 전화를 했다. 그리고 전화를 받는 장모에게 차마 입에 담지도 못할 욕설을 퍼부었다. 아내에게 화낼 것을 애먼 사람에게 화풀이했던 것이다. 그 사실을 들은 그의 아내는 이렇게 말했다.

"만약, 그 사람이 저에게 전화를 해서 쌍욕을 했다면 저는 참을 수 있었습니다. 또 그럴 수도 있다고 이해했을 겁니다. 그 사람 평소에 착하고 내성적이라 속에 담아 두었던 분노가 그렇게 터졌다고 말입니다. 그런데 내 엄마에게 입에 담지도 못할 욕을 직접 퍼부었다는 것만큼은 절대 용서할 수 없습니다. 나 때문에 엄마가 욕을 먹었다는 생각만 해도 몸이 부들부들 떨리고 이가 갈립니다."

**인터뷰 26.**

## 왜 이삭은 죽기까지 순종하였나?

- "사실, 하나님이 아들을 바치라는 것은 말도 안 되는 이야기이지만, 더 납득이 안 가는 부분은 이삭의 절대적 순종입니다. 마지막 모리아 산에 도착해서 아버지가 자신을 결박하려 할 때 이삭은 어떤 반항도 하지 않습니다. 얼마든지 반항할 수 있었을 텐데 말입니다. 이삭은 혈기왕성한 청년이고 아버지 아브라함은 이제 할아버지 중의 할아버지라 그냥 확 뿌리치면서 '아버지 왜 이러십니까? 아버지 미쳤어요?'라고 하며 얼마든지 도망칠 수 있었을 텐데 말이죠."

"그러게 말일세. 나도 어떤 면에선 이삭이 그렇게 반항하기를 바라기도 했다네. 아들 녀석이 반항하고 도망갔으니 내가 어쩔 도리가 없었다고 하나님께 핑계라도 할 수 있었겠지. 그런데 이 녀석은 그러지 않았어. 마치 모든 것을 이미 다 알고 있었다는 것처럼 순순히 결박을 받았고, 내가 칼을 들어 잡으려 할 때도 피하지 않았어. 나도 내 아들 이삭의 그런 태도에 대해서 많이 놀랐다네. 자신이 죽어야 한다면, 제물이 되는 것이 아버지의 뜻이라면, 거기에 전적으로 순종하려고 했던 거야. 나보다 위대한 아이라네."

"그러니까 모리아 산의 사건은 아브라함 님의 위대함도 있지만 이삭의 전적인 헌신, 자신의 목숨까지도 온전히 내어놓은 헌신 덕분인 것이죠."

"그렇게 말해 주니 고맙네."

아브라함이 아들을 바쳤다는 이야기가 실린 창세기 22장은 설교자들이 자주 인용하는 부분이다. 인간적인 고뇌와 갈등을 부각시키며 스릴 넘치는 영화처럼 이야기를 끌어가는 설교자도 많이 보았다. 그런데 아브라함이 아들을 바쳤다는 이야기는 자주 거론되지만 이삭의 절대적 순종은 간과된다. 이삭은 이 사건에서 마치 무력한 존재인 것처럼 순순히 결박을 받고 죽음까지 받아들인다.

> "그가 곤욕을 당하여 괴로울 때에도 그의 입을 열지 아니하였음이여 마치 도수장으로 끌려가는 어린 양과 털 깎는 자 앞에서 잠잠한 양같이 그의 입을 열지 아니하였도다" 사 53:7

이삭의 절대순종은 예수님의 절대순종과 똑같다. 예수님께서도 죽기까지 아버지의 뜻에 순종하셨다. 이삭의 순종은 인간 편에서 먼저 보여 준 완벽한 순종이었다. 인간 쪽에서 이삭이 아들의 대표로서 완전한 순종을 했기 때문에 하나님의 아들이신 예수님도 완전한 순종을 하셨다. 겟세마네 동산에서 십자가를 앞에 두고 "나의 원대로 마시옵고 아버지의 원대로 하옵소서"라고 기도하신 후 끝내 십자가에서 모진 고통과 버림받음의 깊은 상처까지 받았다. 그리고 마침내 부활해서 죽음을 이기심으로 인간을 위한 구원의 길을 완성하셨다. 예수님께서 부활하신 것처럼 이삭 또한 부활한 것과 마찬가지였다. 죽기까지 복종했던 이삭의 모습은 그리스도의 예표다. 그 또한 하나님의 일방적인 은혜가 아니라 인간 편에서 먼저 행한 행위에 따른 마땅한 응답이었다.

이삭은 결정장애자일 때의 아버지만 보고 자란 것이 아니라 더 이상 결정장애자가 아닌 아버지의 모습도 보고 자랐다. 하나님의 말씀이라면 무조건 순종하는 아버지를 통해 절대순종의 모델을 보았다. 또 하나님의 말씀대로 실천한 삶이 어떤 결과를 가져오는지도 확실히 보았다. 하나님이 생사화복의 모든 주권자이심을 확실히 보았다. 그랬기에 아버지가 받았던 명령이 무엇이었을지라도 모든 것이 그분의 섭리 안에 있다는 것을 온전히 믿었다. 아브라함의 믿음이 이삭에게로 전수된 것이다.

어쩌면 아브라함을 부르신 직후에 아들을 바로 주시지 않은 것은 결정장애자로서의 아버지가 아니라 결정의 주체가 된 아브라함, 하나님의 말씀을 붙잡고 망설임 없이 시행하는 아브라함, 그리고 하나님의 권위를 가진 능력자로서의 아버지를 모델링 할 수 있게 하신 것일지도 모른다. 그리고 아버지의 신앙을 물려받아 이삭도 그 신앙의 주체임을 내면화했을 것이다.

지금도 정통 유대인들은 성인식을 성대하게 치른다. 그저 단순한 의식이 아니라 완전한 독립체로 인정하는, 큰 의미가 있는 시간이다. 우리나라에선 친척들이 결혼식 때 많은 부조를 하지만 유대인은 성인식 때 많은 부조를 한다. 그것은 그 아이의 독립자금이 된다. 성인이 되었으니 네 뜻대로 살라는 건 서양식 인본주의 사고방식이다. 그런데 유대인들에게 있어 성인이 되었다는 말은 말씀을 맡은 자 즉, 아버지로부터 말씀을 이어받은 주체가 되었다는 신본주의 사고 아래 있다. 그래서 성인식을 치르는 13세 이전에 모세오경을 암송하고 율법에 관해 정통해야 하고, 드디어 13세가 되어 성인식을 치를 때쯤 되면 유대인 아이는 웬만한 율법학자의 수준에 도달해 있다.

우리나라가 19세를 성인이라 하는 건 엉터리다. 사회와 국가가 인생의 준비 기간으로 설정해 놓은 나이일 뿐이다. 요즘 여자아이들의 경우 초등 고학년에 초경을 시작한다. 생리를 시작했다는 것은 가임 연령이 되었다는 뜻이며, 이젠 아이가 아니라 완전한 성체가 되었음을 의미한다. 따라서 한국의 상황에서라면 초등학교를 졸업하면 완벽한 성인으로서 자기 인생의 결정권자임을 주지시켜야 한다. 이때는 선 의무와 책임, 후 권리 획득이다. 넓게 잡아도 초등학생 저학년 때까지는 권리 위주의 삶을 허용해 주더라도 중학생이 되면 반드시 선 의무 이행, 후 권리 획득의 순서가 되어야 한다.

**인터뷰 27.**
# 왜 제네시스는
# 해피니스인가?

● "일생을 통틀어 볼 때 아브라함 님의 인생은 행복했습니까?"

"행복? 행복이라…. 그럼, 난 참 행복했지. 파란만장한 삶이긴 했지만 행복했던 것은 틀림없어. 더구나 행복은 하나님의 관심사이거든. 사람은 누구든 행복하게 창조된 존재야. 불행한 사람들은 그것을 몰라서 불행하지. 인간은 원래 행복하게 창조되었다는 사실을 안다면 행복할 수밖에 없을 걸세."

"그 행복의 원천은 하나님의 짝사랑 덕분이지 않을까요? 저는 성경을 읽으면서, 성경은 하나님의 일방적 짝사랑을 표현해 놓은 책이라고 느꼈습니다. 하나님은 정말 그분의 백성들을 많이 사랑하시는데, 택한 백성들은 지독히도 불순종하면서 하나님의 사랑을 받아들이지 않죠. 그러니까 짝사랑인 셈이고요."

"짝사랑이라고 표현하니 정말 그러네."

"왜 하나님은 인간을 짝사랑하셨을까요?"

"그건 그분의 속성이 사랑이기 때문일세. 그 사랑의 이면에는 긍휼이 들어 있지. 하나님께서 인간들을 불쌍히 여기시는 마음이 크셨기 때문이야."

"그럼 인간의 행복은 기본 중의 기본이겠죠?"

"당연하지. 에덴동산에서부터 하나님의 사랑이 드러난다네. 인간은 애초부터 행복의 정점에 있었고 말이야."

"아, 그렇다면 제네시스(Genesis)는 곧 해피니스(Happiness)이네요."

"오호라! 아주 멋진 표현일세 그려. 제네시스는 해피니스 맞네."

지구상에 사는 수많은 사람들은 누구나 저마다의 행복을 원한다. 행복추구권은 각 국가의 헌법에 인간의 가장 기본적인 욕구이자 권리라고 말하고 있다. 하지만 주변을 살펴보면 행복을 추구하는 사람치고 행복한 사람은 별로 없고, 정작 행복에 흠뻑 젖어 사는 사람은 굳이 행복을 추구하지 않는다는 게 아이러니다. 창조의 원리를 따라 사는 사람은 굳이 행복을 추구하지 않는다. 자신의 삶이 이미 행복인데 굳이 따로 행복을 추구할 필요가 없기 때문이다. 물고기가 목말라 죽었다는 말이 성립되지 않듯이.

그럼에도 대부분의 사람들은 늘 행복을 추구하며 행복의 조건을 찾으려고 애쓴다. 그러다 몇몇 행복의 조건을 나름대로 설정하고 거기에 집착한다. 재물, 외모, 건물, 자동차, 아파트와 같은 물질적인 소유물도 있고, 학력, 인맥, 명예, 지위와 같은 무형의 가치들도 있고 연인, 친구, 부부, 부모, 자식, 연예인, 종교지도자와 같은 인간관계도 있다. 그런 부분에서 부족하다고 느끼면 그 조건들을 채우기 위해 평생 집착의 끈을 놓지 못하거나 아니면 자신은 행복과는 무관한 사람이라 여기며 팔자니 십자가니 하는 운명론자로 산다.

그런데 하나님은 인간으로 하여금 굳이 행복을 추구할 필요가 없도록 창조하셨다. 인간은 원래 행복한 존재로 창조되었다. 창조주의 속성이 사랑이라면 인간 창조의 바탕 또한 사랑이다. 피조 세상은 하나님 보시기에 완벽했다. 비록 지금의 세상은 온통 부조리와 불합리, 질병과 분쟁, 전쟁 등으로 얼룩져 있지만, 그것은 인간 스스로의 탐욕에서 비롯된 결과지 하나님의 본래 의도와는 아무런 상관이 없다. 인간의 기본 속성에는 자기만을 생각하는 심리적 탐욕, 타인을 자기 목적에 맞게 이용해 먹으려는 관계적 탐욕, 피조물인 주제에 감히 창조주보다 우위에 서려는 높아짐의 탐욕이 있다. 이것을 죄(sin)라고 부른다. 그 죄로 인해서 실낙원을 했기에 불행의 늪에 빠져 살 수밖에 없었다.

실낙원을 다시 복낙원으로 바꾸려면 새로 태어나야 한다. 기독교에선 이것을 '거듭남'이라고 한다. 거듭남이란 탐욕의 질서에서 죽고 그분이 이끄시는 세계에서 다시 부활하는 것, 육신 지향적인 삶에서 영적 지향의 삶으로 전환하는 것을 지칭한다. 거듭난 사람은 자신과도, 타인과도, 하나님과도 새로운 관계를 형성한다. 그래서 거듭난 사람은 자기를 인정하면서 동시에 이타적이고 하나님 중심이지만 거듭나지 못한 사람은 평생 자기라는 감옥에 갇힌 채 살다 죽는다. 자기라는 감옥에 갇힌 사람은 행복의 파랑새를 찾아 밖으로만 나가려 할 뿐 파랑새가 집 안에 있다는 것을 모른다.

이에 러시아의 대문호 톨스토이는 이렇게 말했다. "사람들은 세상을 바꾸겠다고 생각하지만 어느 누구도 자기 자신을 바꿀 생각은 하지 않는다"라고.

**인터뷰 28.**

# 왜 욥이 받은 갑절의 복은 고난을 견뎌서가 아닌가?

- "내 친구 욥이라고 있는데, 혹시 자네 아는가?"

"네. 성경을 통해 알고 있습니다. 욥 님이 아브라함 님의 친구라는 것은 잘 몰랐네요."

"나와는 오랜 지기일세. 그 사람은 동방에서 살고 있어. 그 친구를 만날 때면 여호와를 섬기는 신앙은 나만 가진 게 아니라는 것을 알게 된다네. 그 친구 덕분에 하나님이 어떤 분인지를 더 많이 알게 되었지."

"욥이란 친구 분과는 자주 만나시는지요?"

"가끔 만난다네. 그 친구가 아주 혹독한 시련을 겪었지 않은가? 내가 최근에 그 친구를 만났을 때는 모든 상황이 정리된 후였어. 그때도 나는 전화위복의 하나님을 볼 수 있었다네. 그 친구는 갑절의 복을 받았거든. 딸들이 얼마나 예쁜지, 그 지역에서 그만한 미모를 가진 이들이 없었다니까. 재물도 2배로 늘었고 말이야. 다만, 집 나간 마누라는 돌아오지 않았더군. 그 친구나 나나 마누라 복은 별로 없는 것 같네. 나는 마누라가 일찍 죽었고 그 친구는 마누라가 도망가 버렸으니 말일세."

"친구 욥 님과 만나면서 하나님에 대해서 알게 되었다고 하셨는데 무엇을 알게 되었는지요?"

"그 친구는 완벽주의 성향을 가졌어. 작은 실수라도 용납하지 않았고, 혹시라도 생길 위험에 미리미리 대비하는 사람이었지. 그래서 실수라곤 절대로 하지 않았어."

"완벽한 완벽주의자 맞네요."

"그렇지. 완벽주의도 힘들지만 나 같은 결정장애자도 힘들긴 마찬가지라네. 어쩌면 그 친구 마누라가 결정적일 때 도망갔던 것은 숨이 막혀서일 거야. 이렇게 말하고 보니 내가 참 웃기는구먼. 정작 나는 내 마누라 사라의 마음은 제대로 알지 못하면서 남의 마누라 심정은 왜 이렇게 잘 느끼는지⋯ 허허, 나 원 참."

아브라함은 허탈한 듯 쓴 웃음을 지어 보였다. 그러면서 눈에 이슬이 살짝 맺혔다. 아마 사라가 사무치게 그립고 또 미안한 마음이 올라오는 모양이었다. 아내 사라가 살아 있을 동안에 그녀의 마음을 제대로 알아주지 못했던 아브라함이었다. 열 살이나 어린 사라가 아브라함보다 먼저 세상을 떠난 것은 마음고생을 너무 많이 한 탓, 즉 스트레스를 너무 많이 받아서였을 것이다. 그리고 그 마음고생을 시킨 주범이 본인이었다는 것을 너무 늦게 깨달았다. 그럴 줄 알았으면 좀 더 잘해 줄 것을⋯ 후회가 밀려왔다.

아브라함과 정서적 관계가 깊지 못한 것 때문에 사라는 이삭과 더 깊은 결속을 형성하였다. 어쩌면 사라에게 있어서 이삭이 정서적 남편이었을지도 모른다. 이삭 역시 어머니와 깊이 결속되어 있었다. 이삭은 태어날 때부터 조강지처가 있는 사람이었던 셈이다. 이것을 가족치료에서는 '대리 배우자(surrogate spouse)'라고 한다. 이삭은 어머니 사라가 죽었을 때 아주 큰 상실감의 슬픔에 빠져 꽤 오랜 시간을 아파하고 힘들어 했다. 나중에 리브가를 만난 후에야 그 상처를 치료받았다.

> "이삭이 리브가를 인도하여 그의 어머니 사라의 장막으로 들이고 그를 맞이하여 아내로 삼고 사랑하였으니 이삭이 그의 어머니를 장례한 후에 위로를 얻었더라" 창 24:67

"욥 님이 당한 고난에 대해서 어떻게 생각하세요?"

"처음엔 '아니 땐 굴뚝에 연기 날까?'라는 마음이 먼저 들었다네. 그런데 말일세, 내가 겪은 하나님은 나의 실수로 인해 발생한 사건도 마침내 복으로 갚아 주시는 분이었지 않은가. 그래서 욥이 죄를 범했다고 한들 그렇게 징벌하시는 분은 아니란 생각이 들더군. 욥을 만나 보니 욥의 세 친구가 와서 욥에게 퍼부어 댄 것이 바로 그 관점이었어."

욥의 세 친구 이야기를 들으니 한때 개업하는 곳마다 걸려 있던 액자의 성경구절 "네 시작은 미약하였으나 네 나중은 심히 창대하리라"(욥 8:7)가 떠올랐다. 문구 자체로만 본다면 신앙을 가졌든 아니든 축복의 말이 맞다. 그런데 앞뒤 문맥을 살펴보면 이 구절은 축복의 메시지가 아니다. 욥의 상처에 소금을 뿌리는 구절이다. 그 말뜻은 "욥! 네가 이런 고난을 당하고 있는 건 죄를 범했기 때문이야. 아니 땐 굴뚝에 연기 나는 법 없거든. 그러니 하나님 앞에 죄를 지었다는 것을 인정하고 빨리 회개해. 그러면 하나님이 용서하시고 다시 복을 주실 거야"라는 메시지다. 욥의 세 친구 지론은 "콩 심은 데

콩 나고 팥 심은 데 팥 난다"는 인과론적 패러다임이었다.

그들이 그렇게 말했던 것은 욥이 하나님 앞에 어떤 잘못도 한 적이 없다고 계속 항변했기 때문이다. 실제로 완벽주의자인 욥은 어떤 잘못을 하거나 잘못의 빌미가 될 만한 여지를 남겨 두는 스타일이 아니었다. 욥은 혹시라도 자식들이 범했을지 모르는 죄까지 염두에 두고 미리 조치를 취하는 아버지였다.

> "우스 땅에 욥이라 불리는 사람이 있었는데 그 사람은 온전하고 정직하여 하나님을 경외하며 악에서 떠난 자더라 그에게 아들 일곱과 딸 셋이 태어나니라 그의 소유물은 양이 칠천 마리요 낙타가 삼천 마리요 소가 오백 겨리요 암나귀가 오백 마리이며 종도 많이 있었으니 이 사람은 동방 사람 중에 가장 훌륭한 자라 그의 아들들이 자기 생일에 각각 자기의 집에서 잔치를 베풀고 그의 누이 세 명도 청하여 함께 먹고 마시더라 그들이 차례대로 잔치를 끝내면 욥이 그들을 불러다가 성결하게 하되 아침에 일어나서 그들의 명수대로 번제를 드렸으니 이는 욥이 말하기를 혹시 내 아들들이 죄를 범하여 마음으로 하나님을 욕되게 하였을까 함이라 욥의 행위가 항상 이러하였더라" 욥 1:1-5

"사실 욥에게 온 친구들은 참 대단했어. 욥의 처참한 상황을 본 그들은 기가 막힌 나머지 일주일 동안이나 아무 말 없이 욥의 곁에 있어 줬거든. 아무나 할 수 있는 일은 아니라네. 그런데 일주일이 지나자 다들 욥에게 한 마디씩 했는데, 욥에게는 도무지 위로가 되지 않는 말들이었어. 말마다 욥의 상처에 소금을 뿌리는 거였다네."

"그래도 세 친구들이 한 말이 틀린 말은 아니었잖아요?"

"틀린 말은 아니지. 하지만 아무리 바른 말이라도 말을 할 적절한 시기가 필요한 법이라네."

"타이밍이 필요하단 말씀이시군요."

"그렇고말고. 아무리 진리의 말이라 할지라도 상황에 맞지 않으면 아무런 의미가 없어. 도리어 상처를 주는 말이 될 수 있기에 아무런 도움이 안 되지."

"그 말씀 들으니 잠언 25장 11절이 생각납니다. '경우에 합당한 말은 은쟁반에 금사과'라고 말하고 있거든요."

"오! 멋진 표현이네. 사실 욥의 친구들이 한 말은 원인과 결과라는 관점에선 진리로 인정될 만한 말이야. 다만, 그렇다고 해서 사람에게 일어나는 모든 일이 원인과 결과라는 공식으로만 설명되는 것은 아니라네. 그 친구들은 그것을 몰랐던 것이지. 하나님은 인과론적 법칙보다 훨씬 더 크고 높은 차원에 존재하는 분이라는 사실을 몰랐던 거야."

"원인과 결과라는 개념이라면 저도 알고 있습니다. 흔히 S-R이론이라고 합니다. S는 Stimulus(자극), R은 Response(반응)이죠. 이것을 흔히 과학적 패러다임이라고 합니다. 21세기의 세상은 이 원리를 바탕에 두고 있습니다. 그러니까 욥 님의 세 친구는 '네가 이렇게 고난을 당하는 것은 반드시 네가 한 행위 때문이야'라는 관점에서 말한 거지요. 그러니 욥 님의 입장에선 아무리 생각해도 자신이 죄를 지었다는 것을 인정할 수 없었겠지요. 하늘을 우러러 한 점 부끄러움 없었으니까요."

"욥도 끝까지 자기는 잘못이 없다고 항변했다고 하더군. 그런데 말이야. 나중에 하나님께서 욥의 세 친구들을 엄청 꾸짖으셨다고 하셨네."

"욥 님도 참 많이 힘들었을 것 같아요. 상처에 소금을 뿌려 대고 불난 데 부채질하는 친구들의 말을 들었으니 말입니다. 그렇다고 하나님께서 욥의 세 친구를 엄히 꾸짖으신 후에 욥 님을 싸매고 안아 주신 것도 아니었죠?"

"그렇지. 하나님은 욥도 엄청 꾸짖으셨어. 대장부처럼 허리를 묶고 이야기해 보자 하시면서 독대하셨다네. 그리고 하나님께서 하나씩 둘씩 말씀을 하시는데 욥은 차마 아무 말도 할 수 없었다고 하더군."

> "그때에 여호와께서 폭풍우 가운데에서 욥에게 말씀하여 이르시되 무지한 말로 생각을 어둡게 하는 자가 누구냐 너는 대장부처럼 허리를 묶고 내가 네게 묻는 것을 대답할지니라 내가 땅의 기초를 놓을 때에 네가 어디 있었느냐 네가 깨달아 알았거든 말할지니라 누가 그것의 도량법을 정하였는지, 누가 그 줄을 그것의 위에 띄웠는지 네가 아느냐" 욥 38:1-5

아브라함이 계속 말을 이었다.

"이렇게 말문을 여신 하나님은, 우주 만물을 당신께서 창조하실 때에 욥 너는 어디 있었냐고 물으셨어. 그리고 하늘의 별에 대한 이야기며 지구상에 살고 있는 수많은 동물들, 이를 테면 하마와 악어 같은 동물들을 어떻게 만들었는지에 대한 신비와 자연 만물의 창조 원리에 대해서 말씀을 하셨지. 욥은 그런 하나님의 위대하심 앞에 인간은 그저 한낱 먼지와 같은 존재임을 깨달았다네. 그러니까 욥이 아무리 의롭게 산다고 한들 그것이 하나님 앞에서 복을 받고 안 받고의 수단이 될 수 없단 것이지. 그제야 욥은 지금까지의 삶이 그저 하나님께서 베푸시는 은혜였음을 깨달았어. 그래서 욥은 나중에 이렇게 신앙고백을 했다더군. '내가 주께 대하여 귀로 듣기만 하였사오나 이제는 눈으로 주를 뵈옵나이다'(욥 42:5)."

"욥 님의 신앙관이 바뀌게 된 계기였군요. 그동안 욥 님은 자신의 의로움 덕분에 지금까지 잘 살아왔다고 자부했을 텐데 하나님 앞에서 그것은 아무런 가치도 없다는 것을 새삼 깨달았겠네요. 맞습니다. 인간의 행위가 아무리 거룩하다고 한들 하나님 앞에 얼마만큼 될까요?"

흔히 신앙인들이 선한 일을 할 때 '하나님께 영광 돌린다'라고 말하고, 실수나 악한 일을 했을 때 '하나님의 영광을 가린다'라고 말한다. 착각 중에 그런 착각도 없다. 하나님은 인간이나 그 행위에 의해 영광이 더해지거나 가려지는 분이 아니시다. 오히려 그 반대로 생각해야 한다. 하나님에 의해 지음 받은 인간은 하나님께 영광 돌리는 삶을 추구할 때 본인이 더 행복해지고, 하나님의 영광을 가리는 일을 할 때 본인의 행복은 이미 물 건너간다는 소리다.

"물론, 시험이 끝난 후에 욥은 갑절의 복을 받았네. 그러나 그것은 그가 시험을 잘 이겨 냈기 때문이 아니었어. 그 또한 하나님의 일방적 은총이었다네. 그동안 욥은 자신의 의로움으로 거기에 합당한 재물, 자식의 복까지 누리며 풍성하게 산다고 착각했던 거지. 하나님의 주권 앞에서는 그런 것들 역시 하루아침에 티끌처럼 날아가 버릴 수도 있다는 것을 인정할 수밖에 없었어. 그 후로 욥은 하나님의 주권을 전적으로 인정했다네. 인간의 행위가 하나님께 더하거나 빼기가 된다고 생각하는 게 얼마나 어리석은 일인가?"

4부 믿음의 조상으로 우뚝 선 아브라함

**인터뷰 29.**

# 왜 하나님의 기준은 때에 따라 다를까?

● "이삭에게는 에서와 야곱이라는 두 아들이 탄생합니다. 야곱은 열두 명의 아들을 얻고요. 그런데 가나안 땅에 기근이 듭니다. 아브라함 님도 가나안 땅의 기근이 뭔지 일찍이 경험해 보셨잖아요? 그때 애굽으로 갔다가 낭패를 당하셨고 말이죠. 그런데, 손자 야곱 때에는 하나님이 야곱과 야곱의 자손들 70여 명을 애굽 땅으로 내려보냅니다."

"허허. 그런가? 참 이상하군. 나 때는 관망하셨고, 이삭은 미리 내려가지 말라고 경고하셨는데, 왜 손자 때는 내려가라고 하셨을까? 그런데 그보다 내 아들 이삭에게는 아들이 에서와 야곱 둘이 있었다고 하지 않았던가?"

"맞습니다."

"그런데, 에서와 야곱이라고 했으니 에서가 형이고 야곱이 동생인데 왜 야곱의 가족이 애굽으로 내려갔다고 하는가? 뭔가 이상한걸?"

"아하! 이상하게 여길 만하죠. 에서가 장자인 건 맞습니다. 그런데 동생 야곱이 형 에서가 가진 장자의 명분을 빼앗아 버렸어요."

"빼앗아? 어떻게 그런 일이 생긴단 말인가?"

"샀다고는 하는데 사실 교묘하게 빼앗은 거거든요."

"당최 무슨 말인지 모르겠네. 설명 좀 해보시게."

"둘은 쌍둥이였습니다. 에서가 먼저 나왔으니 형이었고 동생은 형의 발꿈치를 잡고 따라 나왔습니다. 발꿈치를 잡았다 해서 야곱 즉 '찬탈자'라는 이름이 주어졌습니다. 야곱은 태에서부터 욕심이 많았죠. 에서는 전신이 붉고 털이 많은 근육질의 상남자라 겉모습만 봐도 남자 중의 남자였고, 야곱은 조용한 사람이라 장막에 있으면서 엄마 치마폭에서 노는 스타일이었습니다. 그런데 고기를 좋아했던 이삭은 사냥꾼인 에서를 좋아했고 리브가는 늘 곁에 있어 딸 같은 야곱을 좋아했습니다. 애초부터 편애가 심했던 가정이었지요."

"허허 참! 내 아들 이삭이 우락부락한 근육질의 아들을 좋아하다니 신기하군. 그 녀석은 그런 근육질의 남자는 아니었는데 말이지. 오히려 둘째 아이 야곱과 비슷한 면이 많았던 아이였는데 자기와 반대 성향을 가진 아들을 좋아했다니…"

"심리학에선 자기 성향과 반대 성향을 가진 자식을 좋아하는 성향에 대해서 '자기의 무의식적 욕구'라고 합니다. 즉 이삭의 내면은 상남자가 되고 싶은 욕구, 붉고 털이 많고 근육이 많으며 거칠고 활동적인 남자가 되고 싶었단 것이지요. 자기는 그런 존재가 아니지만 그런 자식이 자신의 무의식적 요구를 채워주었기에 자기도 모르게 사랑과 관심을 쏟게 된다는 이론입니다."

"그 심리학이란 학문은 참 신기한 학문이구먼. 맞아. 듣고 보니

**4부** 믿음의 조상으로 우뚝 선 아브라함

딱 맞아.”

"야곱의 입장에선 아버지의 사랑을 독차지하는 형이 얼마나 부러웠을까요? 일단, 체격이 형과 비교 대상이 안 됩니다. 우격다짐을 할 일도 없거니와 그런 일이 생기면 한 방에 나가떨어질 약한 사람이지요. 게다가 형은 장자거든요. 자기보다 기껏 몇 분 앞에 세상에 나왔다고 형이 되어 장자의 권리를 다 가졌으니 얼마나 샘이 났을까요?”

"장자의 권리는 엄청나지. 아버지가 장자에게 축복하면 그대로 이뤄지니까.”

"더구나 아버지의 권위는 하나님의 권위와 같잖아요. 특히 아버지가 죽기 전에 하는 축복은 자녀의 일생에 영향을 미치니 자녀로서는 반드시 아버지의 축복을 받아야 하는데, 그 축복권의 절대적 우위는 장자한테 있지요.”

"그렇지. 한 번 축복하고 나면 또 축복할 수는 없으니까. 특히 마지막 축복은 평생 효력이 발하고.”

"그렇다면 모든 조건에서 불리한 야곱이 형을 이길 수 있는 방법은 무엇일까요?”

"편법을 써야겠지.”

"맞습니다. 그래서 야곱은 편법을 씁니다. 집에서 어머니의 치마폭에 있으면서 온갖 요리도 했는데, 어느 날 사냥을 마치고 돌아온 형 에서에게 팥죽 한 그릇을 내밉니다. 배가 고픈 에서는 그것을 달라고 하죠. 그런데 야곱이 조건을 겁니다. '형이 가진 장자의 명분을 나한테 팔아.' 그런데 에서는 그것을 대수롭지 않게 생각합니다. '굶어 죽게 생겼는데 그깟 장자의 명분이 뭔 소용이람?'이라고 생각한 에서는 팥죽 한 그릇에 장자의 명분을 팝니다.”

"아무리 팔았다고 해도 둘 간의 약속이고, 이삭은 아버지로서 장자가 누군지 차자가 누군지 정도는 충분히 구별했을 텐데?"

"동생 야곱의 이름 뜻이 찬탈자 아닙니까. 이번엔 아버지를 교묘하게 속입니다. 그것도 어머니 리브가와 공모해서 말이죠."

"허허. 완전 콩가루 집안이 되었구먼. 며느리가 공모했다면 그것은 남편을 속인 것이고 하나님을 속인 것인데, 그 죄를 어떻게 감당했을꼬?"

"며느리 리브가는 그에 대한 합당한 벌을 받습니다. 뒷이야기를 들으면 알게 되실 겁니다. 조금 뒤에 말씀 드릴게요. 아무튼, 평소에 에서가 사냥한 고기로 만든 별미를 좋아하는 이삭의 특성을 알았던 리브가는 야곱으로 하여금 에서로 변장하라고 합니다. 에서가 들로 사냥을 나간 날 급히 이삭이 좋아하는 별미를 만들어 야곱의 손에 쥐어 아버지에게로 보냅니다. 이삭은 나이가 많아 눈이 어두워 형체로는 사람을 잘 구분하지 못했어요. 그리고 털이 많은 형 에서와 매끈매끈한 야곱을 촉감으로 알아볼 것이기에 염소 털로 야곱을 변장시킵니다. 그렇게 해서 아버지 이삭에게 별미를 가지고 가서 축복을 받았지요."

"아무리 꾸민다고 한들, 목소리만 들어도 큰 녀석인지 작은 녀석인지 알았을 것 아닌가?"

"아마 이삭도 뭔가 이상하긴 했겠죠. '음성은 야곱의 음성이나 손은 에서의 손이로다'라고 합니다. 게다가 야곱이 하나님까지 들먹이면서 오늘 사냥감을 순적히 만나서 별미를 빨리 만들었다고까지 합니다. 그러니 이삭은 더 이상 의심하지 않고 별미를 맛있게 먹고 야곱을 축복합니다."

4부 믿음의 조상으로 우뚝 선 아브라함

"그가 가까이 가서 그에게 입맞추니 아버지가 그의 옷의 향취를 맡고 그에게 축복하여 이르되 내 아들의 향취는 여호와께서 복 주신 밭의 향취로다 하나님은 하늘의 이슬과 땅의 기름짐이며 풍성한 곡식과 포도주를 네게 주시기를 원하노라 만민이 너를 섬기고 열국이 네게 굴복하리니 네가 형제들의 주가 되고 네 어머니의 아들들이 네게 굴복하며 너를 저주하는 자는 저주를 받고 너를 축복하는 자는 복을 받기를 원하노라" 창 27:27-29

"아! 세상에 그런 일이…. 내가 거짓말하던 습성이 자식 대에 그대로 재현되었구나. 에고… 내가 사라를 누이라고 두 번이나 거짓말했는데… 내 손자들도 거짓말로 서로를 속이다니…."

"속상하시죠? 가족치료에서는 그런 부분을 정확히 짚어 내고 있습니다. 자녀들은 들은 대로 행동하기보다 본 대로 행동한다는 것이죠. 또 부모의 역기능적 요소는 그 자식 대에도 그대로 역기능 요소로 작동된다는 것이고요. 그러기에 부모는 자식들의 본보기 되어야 합니다."

"정말 그러네. 그다음은 어떻게 되었나?"

"이삭이 야곱 축복하기를 끝마친 후에 바로 에서가 돌아와서 별미를 만들어 아버지에게로 갑니다. 이삭과 에서 둘 다 깜짝 놀라죠. 그때야 비로소 야곱에게 속았다는 것을 압니다. 그리고 에서는 야곱이 장자의 명분도 빼앗아 갔다고 말합니다."

"거친 성격의 에서가 가만히 있을 리 없었을 텐데…."

"왜 아니겠습니까? 에서는 분을 품고 있었고 머지않아 아버지 이삭이 죽고 나면 동생을 해코지 하려는 생각을 품었습니다. 그 생각을 간파한 리브가는 야곱을 자기 오빠 라반에게로 피신시켰어요.

한꺼번에 자식 둘을 다 잃을 순 없다는 거였지요. 리브가로선 임시방편으로 그저 몇 날 동안만 거기 피신해 있으라고 합니다. 그런데 그 이별로 인해 리브가는 사랑하는 자식 야곱을 두 번 다시 못 보고, 야곱은 사랑하는 어머니를 두 번 다시 못 봅니다. 그것이 리브가에게 주어진 벌이었어요. 왜냐하면 야곱이 아버지와 형을 속이는 죗값을 다 자신에게로 돌리겠다고 했으니까요."

"허허 참! 이걸 사랑이라고 해야 하나, 집착이라고 해야 하나?"

"분명한 것은, 야곱이 찬탈자이긴 했지만 에서가 장자의 명분을 가볍게 여긴 것이나 자신의 힘을 믿고 하나님을 신뢰하지 않았다는 것은 하나님 입장에서 보실 때 선택자의 기준엔 부족했다는 것입니다. 아버지 이삭도 에서를 향해 '너는 칼을 믿고 생활하겠고'라고 했거든요. 그러니 에서는 딱히 하나님이 필요하다고 생각하지 않았을 수도 있습니다. 반면 야곱은 하나님 없이는 안 된다고 매달리는 쪽이었구요."

"그러고 보면 하나님은 당신에게 매달리는 사람을 오히려 더 사랑하시는 것 같아."

"맞습니다. 나중에 하나님의 아들인 예수 그리스도는 천국은 침노하는 자가 빼앗는다고 말씀하셨습니다. 하나님은 가만히 있으면서 수동적으로 사는 사람을 쓰지 않습니다. 욕심이 동기가 되었더라도 열망하는 사람을 쓰시는 분이지요. 또 하나님이 선택하는 사람을 보면 강자보다는 약자, 장자보다는 차자, 부자보다는 가난한 자인 경우가 훨씬 더 많습니다."

"하나님은 정말 신묘막측(神妙莫測)한 분이야. 정말."

"외삼촌 라반의 집으로 간 야곱은 오랫동안 고향으로 돌아오지

4부 믿음의 조상으로 우뚝 선 아브라함

못합니다. 라반에게는 레아와 라헬이라는 두 딸이 있었는데 야곱은 라헬을 사랑했습니다. 라헬을 얻기 위해 7년을 봉사하고 드디어 첫날밤을 치렀는데, 날이 밝고 보니 라헬이 아니고 레아였습니다."

"허허 참! 거기에서도 사기를 치는구먼. 아! 무섭다 무서워. 사기꾼 야곱이 보기 좋게 당했구먼."

"그렇습니다. 외삼촌 라반은 자기 지방에선 동생을 형보다 먼저 결혼시키지 않는다며 형 레아를 침실에 들여보낸 것이죠. 야곱은 7일을 보낸 뒤 라헬을 또 아내로 맞아들이고 그 값을 위해 7년을 또 봉사합니다. 야곱은 졸지에 두 여자를 아내로 맞이한 거죠. 형제이면서 야곱의 아내가 된 두 여인은 남편의 사랑을 차지하기 위해 치열한 경쟁을 하는데 아들 낳기 쟁탈전을 벌입니다. 그 과정에서 편법까지 동원하는데 자기가 데리고 있던 몸종들까지 합세합니다."

"아이구야! 그것도 어쩜 그리 나랑 똑같을까? 사라가 하갈을 통해 자식을 얻겠다는 발상을 했는데 손자 야곱도 똑같은 일을 했구먼."

"그래도 이번 경우는 좀 다릅니다. 몸종들을 통해서 낳은 아들도 야곱의 정식 자식으로 인정되었습니다. 이를 통해서 이스라엘이라는 민족을 형성하는 열두 지파가 탄생됩니다. 그렇게 많은 가족을 거느린 야곱은 마침내 고향으로 돌아옵니다. 다만 형 에서는 아직도 분이 풀리지 않은 상황이라 동생이 온다는 소식을 듣고 400명을 거느리고 야곱에게 복수하러 가죠."

"아뿔싸! 가인과 아벨처럼 형이 동생을 죽이는 일이 또 생기겠구먼."

"아닙니다. 이번에도 하나님이 개입하여 주셨습니다. 동생을 죽이러 가던 에서의 태도가 완전히 돌변해서 동생을 얼싸안고 우는 사람이 됩니다. 하나님이 아니라면 일어날 수 없는 기적이죠. 야곱 입장에서는 빼도 박도 못할 상황인데 하나님께서 상황을 180도로 바꿔 주신 것이에요."

"아! 그렇지. 그렇고말고. 그 부분이야 내가 더 잘 알지. 내가 애굽에서 사라를 팔아먹었을 때처럼 말이야. 그 후로도 몇 번이나 그런 일이 있었는데, 하나님께서는 나뿐 아니라 내 아들 이삭과 내 손자 야곱에게도 동일하게 역사하셨구먼. 아이고 하나님! 감사합니다."

"그렇게 해서 야곱은 금의환향합니다. 그리고 형 에서와 약간 떨어진 곳에서 생활을 하죠. 혹시라도 형의 마음이 변할까 약간은 걱정이 되긴 했는가 봐요. 그러다 노년에 기근을 만나 애굽으로 완전히 이주합니다. 그래서 처음에 질문을 드렸죠? 왜 아브라함 님에게는 기근 때 애굽으로 내려가지 말라고 하신 하나님이 야곱의 가족들은 애굽으로 내려가게 하셨을까요? 그것도 임시방편도 아니고 아예 거기서 정착하도록 말이죠. 하나님의 말씀도 때에 따라 달라질 수 있는 걸까요?"

"그러게. 정말 궁금한걸?"

"그래도 그것이 그분의 섭리라는 건 확실히 믿을 수 있겠지요? 하나님은 인간의 생각보다 크신 분이니까 말입니다. 그 일이 자손들에게 어떤 결과로 드러났는지를 알면 더더욱 하나님께 감사하시게 될 겁니다."

"인정하네, 그분의 큰 섭리가 있었겠지. 적어도 나는 그것을 확실히 믿네."

"야곱 가족의 애굽 이주는 하나님께서 내리신 특단의 조치였습니다.

**인터뷰 30.**

# 왜 하나님은
# 특단의 조치를 취하시나?

● 창세기 38장은 뜬금없다. 요셉 이야기가 한창 진행 중인데 갑자기 장면이 바뀌면서 야곱의 넷째 아들 유다와 며느리 다말 이야기가 등장한다. 우리가 영화를 볼 때 어떤 이야기가 완결된 후에 다른 장면으로 바뀌는 건 자연스럽다. 그런데 한창 이야기가 정점에 이르렀는데 갑자기 장면이 확 바뀌면 짜증이 난다. 38장이 딱 그렇다. 내용도 그다지 좋지 않아 그냥 삭제하는 게 훨씬 나을 법한데 왜 굳이 이 이야기가 삽입되어 있을까?

"남편도 되고 시아버지도 되고, 아들도 되고 손자도 되는 희한한 촌수가 있다면 믿으시겠습니까?"

"허허 어떻게 그런 촌수가 있을 수 있는가? 말도 안 되는 소리지. 어떻게 남편도 되고 시아버지도 될 수 있다는 건가? 그리고 어떻게 손자도 되고 아들도 될 수 있다는 것인가? 아무리 세상이 엉터리라도 그렇지."

"안타깝게도 사실입니다. 그 또한 아브라함 님의 손자인 야곱의 넷째 아들 유다에게 일어난 일입니다."

"아이고 세상에! 참말로 남사스럽다. 도대체 무슨 일이 있었는가?"

"앞에서 우리가 이야기했던 야곱과 70명의 자손이 애굽으로 갔던 이야기와 연결됩니다. 왜 애굽으로 가지 말라고 해놓고 야곱과 그 가족은 애굽으로 보내셨는가에 대한 이야기의 결론을 내리지 않았잖아요? 지금부턴 그 이야기를 하려고 합니다."

"나도 궁금하네. 빨리 말해 보게."

"야곱이 가나안 땅으로 돌아와 정착합니다. 그 주변엔 가나안 사람들이 살고 있었지요. 야곱의 넷째 아들 유다(Judas)에게는 엘, 오난, 셀라 삼형제가 있었습니다. 장자 엘이 다말이라는 여자와 결혼했는데 자식 없이 죽습니다. 그럴 때 어떻게 하는지 아시죠?"

"그럼, 동생이 형수와 혼인해서 아들을 낳아 형의 기업을 잇도록 해야겠지. 왜냐하면 후손을 통해서 계속 살게 되는 거라고 믿었으니까. 계대결혼법이라는 풍습은 이 지역에서 자연스런 일이네."

"네. 맞습니다. 그래서 동생 오난이 형수에게로 들어갔는데 땅에 설정합니다."

"아이고 저런! 그럼 안 되지. 쯧쯧!"

"그 일로 인해 오난도 하나님의 징계를 받아 죽습니다. 유다는 졸지에 두 아들을 연이어 잃었습니다. 막내는 아직 어리고 의무를 이행할 만큼 성장하지 못한 상태라 며느리 다말로 하여금 친정에 가서 막내가 장성하기까지 기다리라고 말합니다. 자식이 없는 과부는 친정으로 돌려보낼 수 있었거든요."

**4부** 믿음의 조상으로 우뚝 선 아브라함

"오난은 하나님 보시기에 악한 행동을 했네. 그로 인해 죽임을 당했다는 것도 이해가 되고. 그런데 엘은 왜 죽이셨을까?"

"장자 엘이 죽은 이유가 구체적으로 무엇인지는 언급되어 있지 않지만 '여호와가 보시기에 악하므로 여호와께서 그를 죽이신지라'(창 38:7)라고 말합니다. 그 동생 오난도 '오난이 그 씨가 자기 것이 되지 않을 줄 알므로 형수에게 들어갔을 때에 그의 형에게 씨를 주지 아니하려고 땅에 설정하매'라고 설명합니다. 그러니까 둘 다 악했기 때문에 죽었다고 봐야지요."

"그렇지. 그럼, 막내가 장성하여 그 의무를 이행했는가?"

"아니오. 유다가 그렇게 안 합니다. 셀라도 형들처럼 죽을까 염려해서 장성했음에도 형수에게 들여보내지 않습니다. 삼형제를 다 잃는 것은 아버지로선 끔찍한 일이에요. 부모가 죽으면 땅에 묻고 자식이 죽으면 가슴에 묻는다는 말처럼 너무 힘든 일이 되겠죠. 그렇게 어영부영 세월만 가던 중 유다의 아내가 죽습니다. 아내 상을 치른 후 유다는 자기 양떼의 털을 깎기 위해 딤나로 갑니다."

"양털을 깎는 일은 연중 큰 행사지."

"거기서 며느리 다말은 시아버지가 딤나로 왔다는 소식을 듣습니다. 그리고 과부의 의복을 벗고 너울로 얼굴을 가리고 딤나 길 곁 에나임 문에 앉습니다. 시아버지를 유혹하기 위해서지요. 얼굴을 가렸으니 며느리인 줄 몰랐던 유다는 그녀를 창녀로 알고 동침을 요구합니다."

"헉! 창녀라니. 그 땅에 창녀가 있었단 말인가?"

"그 땅엔 창녀가 없었지만 당시 가나안 땅에선 일반적인 풍조였겠죠."

"그렇다고 내 증손자 유다가 그런 행동을 자연스럽게 했다는 건가?"

"네. 그래서 그게 문제라고 제가 말씀드리는 겁니다. 그때 그 지역에선 유다의 행동이 지극히 일상적이고 자연스러운 행동으로 치부되었겠죠. 유다도, 그의 아들 엘이나 오난 역시 가나안의 문화에 완전히 동화되었다는 것을 말합니다. 가나안 땅에서는 너나 할 것 없이 다들 그렇게 하니 그런 행동이 하나도 이상한 게 아니었던 겁니다. 게다가 엘과 오난의 행동은 지극히 이기적인 것이었는데, 이런 자기중심적 문화는 그 당시 가나안 지역의 특징이었어요."

"아이고! 말세일세. 말세."

"변장한 며느리 다말은 화대를 요구합니다. 이에 유다는 차후에 염소 새끼를 주겠다고 했고 다말은 그것에 대한 담보물을 요구합니다. 이에 유다는 도장과 끈과 지팡이를 담보물로 주지요. 그렇게 해서 유다는 며느리 다말과 동침을 합니다. 그후 다말은 너울을 벗고 과부의 의복을 도로 입습니다. 후에 유다가 자기 친구 아둘람 사람을 통해 그 창녀에게 염소 새끼를 보내고 담보물을 되찾으려고 했는데 그 지역에는 창녀가 없다고 합니다. 유다는 이상하게 생각했죠. 거기에다 며느리 다말이 행음하고 임신까지 했다는 소식을 듣습니다."

"유다는 혹시라도 그 일로 수치를 당하게 될까 염려했겠군. 그래서 어떻게 되었나? 조금 전 다말이 임신을 했다고 하지 않았던가?"

"예 그렇습니다. 유다 귀에 며느리 다말이 행음을 해서 임신했다는 소식이 들렸어요. 그때의 법으론 불태워 죽일 만한 사건이었죠. 유다는 앞뒤 정황 확인도 하지 않고 며느리를 불태워 죽이라고 명합니다. 한국에 '처녀가 애를 배도 할 말이 있다'는 속담이 있듯이, 적

**4부** 믿음의 조상으로 우뚝 선 아브라함

어도 무슨 일인지는 물었어야 해요. 그런데 묻지도 않고 처단부터 하라고 명하는 것을 보면 정말 피도 눈물도 없이 무정한 사람으로 보입니다. 그 또한 가나안 문화의 전형적 특징이었습니다. 다말이 끌려 나갈 때 자신이 받았던 담보물을 제시하면서 그것의 주인으로 인해 잉태된 것이라고 말합니다. 그 담보물을 확인한 유다는 얼마나 놀랐을까요? 유다는 며느리 다말이 옳다고 하면서 두 번 다시 그를 가까이하지 않습니다. 결국 다말은 쌍둥이 베레스와 세라를 낳았는데 베레스는 이스라엘 왕국의 두 번째 왕 다윗의 10대조가 됩니다. 그 후손을 통해서 그리스도가 탄생하게 되구요."

"오! 그런 일을 통해서도 하나님의 역사가 이어지다니 놀랍구먼. 역시 하나님은 인간의 수치스런 역사도 없애 버리지 않으시고 도리어 그것을 역이용하시는 분이야. 그건 내가 지금까지 살아오면서 충분히 경험한 부분이지."

"다말 입장에선 잘못이 없죠. 다말은 죽은 남편의 계보가 계속 이어지기를 희망하며 시아버지의 말씀대로 셀라가 장성하기를 기다리고 있었어요. 그런데 셀라가 장성하였음에도 자기에게 들여보내주지를 않습니다. 그러면 그다음 의무를 이행할 사람은 가장 가까운 친족인 시아버지가 되는 셈이지요. 그래서 다말은 창녀로 위장을 해서라도 시아버지와 동침을 했고, 그를 통해 자손을 얻어 죽은 남편의 명예를 회복시켰습니다. 죽음을 각오한 행동이었어요. 그래서 유다는 며느리 다말이 자기보다 의롭다고 인정했습니다."

"여자들은 그런 면에서 한편으론 무섭고 한편으론 존경스러워. 뜻을 세우면 반드시 그것을 끝까지 완수하거든. 다말 덕분에 남편 엘은 자손을 계속 이어갈 수 있었겠네. 남편은 악하고 부족했지만 선하고 지혜로운 아내 덕분에 집안이 유지될 수 있었던 거야. 그런 면에서 지혜로운 아내를 얻는 것은 일생의 행운이지."

"맞습니다. 다시 본론으로 돌아가서요, 그렇다면 야곱의 자손들을 애굽으로 왜 보내셨는지에 대한 부분을 생각해 봐야죠. 일찍이 여호와 이레를 경험하셔서 하나님이 어떻게 준비시키는가를 알고 계시지요?"

"알다마다. 여호와 이레. 정말 내 일생은 그분의 준비하심의 연속이었지. 때마다 기가 막힌 방법으로 말이야."

"하나님께서는 야곱의 가족이 애굽으로 가기 전, 야곱의 열두 아들 중 요셉이란 사람을 먼저 애굽으로 보내십니다."

"나를 갈대아 우르에서 부르실 때처럼 요셉을 불러 그리로 보내셨다는 건가?"

"아닙니다. 요셉은 종으로 팔려갑니다. 그것도 형제들의 손에 의해서 말입니다."

"세상에! 종으로 팔려가? 그것도 형제들에 의해서?"

"네. 요셉은 어릴 때부터 별명이 있었는데 '꿈꾸는 자'였습니다. 그는 자기의 꿈 이야기를 형제들에게 자주 했습니다. 곡식 단을 묶는데 자기 단은 일어서고 형님들의 단이 자기 단을 둘러서더라, 또 다른 꿈에는 해와 달과 열한 별이 자기를 향해 절하더라, 그런 내용이었습니다. 이것 때문에 더더욱 미운털이 박혔습니다. 안 그래도 아버지 야곱이 편애하는 통에 형들의 눈총을 한몸에 받던 아들이었거든요."

"이삭과 리브가도 편애를 하더니 야곱도 편애를 했다는 건가? 참 못 말리는 족속일세 그려."

"네. 야곱은 두 아내 레아와 라헬 중 자기가 더 사랑하는 여인 라

**4부** 믿음의 조상으로 우뚝 선 아브라함

221

헬의 소생인 요셉을 유독 아꼈습니다. 그래서 요셉에겐 채색 옷을 입혀 확연히 구분되게 했지요. 그렇게 응석받이로 키워진 싸가지 없는 요셉을 하나님이 어떻게 쓰셨을까요? 하나님이 쓰시기 전에 무엇부터 하셨을까요? 그건 아브라함 님이 누구보다 잘 아실 것 같습니다만."

"고향과 친척과 아버지 집을 떠나도록 하셨겠지."

"맞습니다. 아버지와 집이라는 환경으로부터 분리시키는 일부터 하셨습니다. 요셉의 형들은 양을 치러 멀리 나가 있었고 응석받이 요셉은 집에 있었는데, 아버지 야곱이 형들한테 요셉을 보냅니다. 일종의 사찰(查察)이었죠. 그런데 동생 요셉이 멀리서 오는 것을 보고 형들이 죽이자고 공모합니다. 구덩이에 요셉을 던져넣었는데, 그래도 양심이 있었는지 유다가 나서서 죽이지는 말자고 중재합니다. 마침 때맞춰 지나가는 미디안 상인들에게 은 20을 받고 팝니다. 요셉을 산 그들은 애굽으로 데리고 가서 바로의 친위대장 보디발에게 종으로 되팔았고요."

"하나님께서는 기가 막힌 방식으로 아버지의 품에서 떼내셨구먼. 그리고 요셉으로 하여금 아버지 야곱이 믿는 하나님만 의지할 수밖에 없도록 하셨고. 그렇게 해서 요셉이 하나님과 동행하는 삶을 시작한 후 하나님께서 전적으로 요셉의 삶에 개입하셨을 거야. 그리고 다른 어느 누구도 범접하지 못하도록 울타리를 쳐 주셨을 테고 말이야. 그건 내가 보지 않아도 충분히 알 수 있네."

"정확히 예상하셨습니다. 요셉이 무슨 일을 해도 하나님께서는 형통하게 하셨습니다. 그런데, 용모가 준수한 요셉에게 홀딱 반한 보디발의 아내가 요셉에게 동침하기를 청하며 유혹합니다. 요셉은 끝까지 거절했고 이에 화가 난 여주인은 요셉에게 누명을 씌웠어요. 결국 요셉은 아무런 죄도 없이 감옥에 갇힙니다."

"표면적으론 감옥이겠지만 어찌 보면 가장 완벽한 보호의 장소였을 거야. 보디발의 아내가 유혹할 일이 없는 장소였겠지. 하나님께서는 그런 방식으로 역사하신다는 것을 나는 익히 알지."

"그뿐만이 아닙니다. 감옥은 보호의 장소이기도 했지만 요셉에겐 인생 학교였습니다."

"그건 무슨 말인가?"

"요셉을 크게 쓰시려면 그에 합당한 재목으로 키워야 하잖아요? 요셉이 갇힌 감옥은 애굽의 정치범을 가두는 곳이었습니다. 그러니까 애굽의 탁월한 인재들이 갇혀 있었다는 말이지요. 그곳에서 요셉은 애굽의 정치, 경제, 사회, 문화 등 전반적인 모든 것을 배우고 익힙니다. 그에게 최고의 명문 대학이었어요."

"하나님은 준비되지 않은 자를 쓰시는 분이 아니니까 그렇게 세심하게 준비시키셨구먼. 역시 그분이라면 그렇게 하실 만하지."

"감옥에서도 요셉은 하나님과 동행을 했고 하나님의 은총을 덧입어 나날이 성장합니다. 그러던 중 바로가 무시무시한 꿈을 꾸었는데 미래에 있을 기근에 대한 꿈이었습니다. 그 꿈으로 고민에 빠진 바로가 애굽의 술사를 비롯하여 관련된 지식인들을 죄다 불렀는데 아무도 그 꿈을 능히 해석하지 못합니다."

"하나님이 하실 일인데 이방신을 섬기는 사람들이 어떻게 알겠나? 예상컨대 그 꿈은 요셉이 해석했겠군."

"맞습니다. 요셉은 하나님과 동행하고 있었으니까요. 요셉이 명쾌하게 꿈 해석을 하면서 그것은 하나님께서 장차 될 일을 보여 주신 것이라고 하자, 바로는 요셉을 기근 대비 준비위원장으로 임명합니다. 이 일로 요셉은 애굽의 가장 높은 자리에 오르고요. 바로도 말하기를 '너에게 모든 권한을 준다. 나는 단지 내 지위 외엔 너보다 높은 게 없다'라며 애굽에서 요셉의 허락 없이 함부로 수족을 놀릴 자가 없을 것이라고 말합니다. 이에 요셉은 애굽의 절대 권력을 가진 총리가 되어 풍년이 드는 7년 동안 곡식을 거두어 저장해 두었다가 흉년이 드는 7년 동안 모아둔 곡식으로 애굽과 인근의 많은 백성들을 살려 냅니다."

"한마디로 구원자였구먼."

"아무렴요. 더 놀라운 건, 가나안 땅에도 기근이 들었는데 애굽에 곡식이 있다는 소식을 듣고 야곱의 아들들이 곡식을 사러 애굽으로 왔다는 것입니다. 그들은 요셉이 총리가 되었다는 것을 전혀 모르죠. 정말 요셉의 꿈대로 형들이 요셉 앞에 절을 합니다. 요셉은 형들의 간담을 서늘하게 하는 몇 번의 복수극을 거친 후 끝내는 자신이 요셉이라고 밝히고 형제 상봉을 합니다. 그리고 아직 기근이 남아 있으니 아버지 요셉을 애굽으로 모셔오게 합니다. 그동안 아들 요셉이 짐승에게 찢겨 죽었다고만 알고 있었던 아버지 야곱은 또 얼마나 놀랐고 얼마나 반가웠을까요? 세상에 요셉이 살아 있다는 것만으로도 놀라운데 애굽의 총리가 되어 있다니요."

"정말 놀라운 반전이네그려."

"진짜 반전이죠. 애굽으로 와서 바로 앞에 선 야곱은 자신의 인생을 딱 한마디로 표현합니다."

"야곱이 바로에게 아뢰되 내 나그네 길의 세월이 백삼십 년이니이다 내

> 나이가 얼마 못 되니 우리 조상의 나그네 길의 연조에 미치지 못하나 험악한 세월을 보내었나이다 하고" **창 47:9**

"험악한 세월이라… 그 말에 정말 공감되네. 이 세상 나그넷길이란 말도 포함되고 말이야. 나도 이제 곧 그 먼 여정의 나그넷길 걷기를 마치고 안식으로 들어가게 될 걸세. 나는 그날을 기다리고 있어."

"네. 아브라함 님의 얼굴빛 가운데 기대감으로 가득 차 있는 게 보입니다."

"곧 다가올 죽음을 기쁨으로 맞이할 수 있다니 그 얼마나 놀라운 일인가?"

"그러게 말입니다. 천국 소망을 가진 사람의 특권이죠."

"아무렴. 그나저나 잠깐 곁길로 왔네. 계속 이야기해 보시게."

"총리의 가족이 애굽으로 왔다니 바로는 살 곳을 마련해 줘야 하지요? 그런데 요셉이 아버지 야곱에게 '고센' 땅을 달라고 요청하라는 팁을 줍니다. 왜냐하면 고센 땅은 목초지가 있어 목축하기에 딱 좋은 땅인데, 재미있는 사실은 애굽 사람들이 목축을 가장 가증스럽게 여긴다는 거였습니다. 그러니 애굽 사람들이 고센 땅엔 얼씬도 하지 않는다는 것이지요."

"오! 그럼 따로 완벽히 구별된 땅이었네."

"바로 그겁니다. 하나님께서는 완전히 구별된 땅, 완전히 독립된 땅을 준비하시고 아브라함 님에게 약속하신 하늘의 별과 같이 많은 자손, 바닷가의 모래같이 많은 자손을 거기서 준비시킵니다. 애굽 사람이 왕래할 일이 없으니 순도 100퍼센트의 이스라엘 민족으로 부흥할 수 있었습니다. 그러니 애굽에 들어갈 때는 가족 단위였지만

400년이 지나 애굽에서 나올 때는 대민족을 이뤄서 나옵니다. 장정만 60만이 넘었으니, 모든 사람의 숫자를 합하면 엄청난 것이죠. 진짜 하늘의 별과 같고 바닷가의 모래알과 같이 많은 백성이었습니다. 하나님은 그렇게 자신의 약속을 지키셨어요."

"오! 감사합니다. 하나님. 위대하신 하나님, 신실하신 하나님."

아브라함은 연이어 하나님께 감사의 기도를 드렸다. 몇 번 호흡을 가다듬은 아브라함이 다시 물었다.

"그런데 말야. 가족을 민족으로 만드시는 것은 굳이 애굽 땅 아니더라도 가능하지 않았을까? 애초에 약속하셨던 가나안 땅에서 번성했더라면 번거롭게 이동할 필요도 없었을 테고 말이야."

"아닙니다. 꼭 애굽이어야 했습니다. 애굽으로의 이주는 하나님께서 취하신 특단의 조치였으니까요."

"특단의 조치라… 이렇게 두었다간 큰일 나겠다 해서 취하신 조치라는 의미인가?"

"네. 만약, 야곱의 가족들이 가나안에 계속 머물고 있었다면 가나안 족속의 문화에 완전히 동화되어 선민으로서의 정체성을 다 잃었을 겁니다. 정체성을 잃었다면 그 자손이 아무리 번성한들 의미가 없지요. 유다의 아들 엘이 죽은 것도 하나님 앞에서 악을 행했기 때문이고, 오난이 형에게 씨를 주지 않으려는 이기적인 태도도 가나안 사람들과 동화된 행위였고, 유다가 창녀에게 들어갔다는 것 또한 유다가 가나안의 문화에 완전히 동화되었다는 뜻입니다. 그런 것들이 가나안 땅에는 만연해 있었고 누구도 그것을 잘못이나 죄라고 여기지 않았어요. 그래서 하나님께서는 가나안 땅이 아니라 애굽 땅, 그것도 고센 땅을 따로 지정하시고 순수한 이스라엘 백성으로 준비되도록 특단의 조치를 취하셨던 겁니다. 그것도 미리 요셉을 구원자로 앞서 보내 놓으시면서 말입니다. 정말 하나님의 섭리는 오묘하지요."

"정말 놀랍네. 자네 말대로 하나님의 섭리와 계획은 정말 탄복할 수밖에 없네. 그럼, 민족이 된 그 백성이 나올 때는 자네가 앞서 이야기했던 모세라는 지도자를 통해서였나?"

"네. 정말 기가 막히는 섭리였죠. 하나님께서는 모세라는 지도자를 미리 준비시키셨고 그를 통해 전 민족을 구출해 냅니다. 그리고 애굽에서 나올 때 쫓겨나듯 나오지 않습니다. 애굽의 재물을 많이 가지고 당당히 나옵니다. 그리고 하나님의 위대하신 능력을 만천하에 알린 후에 나오지요. 아울러 애굽이 이 백성을 괴롭히지 못하도록 그들이 자랑하는 철병거와 군대를 홍해에 수장시켜 위협의 싹까지 완전히 제거해 주십니다."

"내가 내 손을 들어 애굽 중에 여러 가지 이적으로 그 나라를 친 후에야 그가 너희를 보내리라 내가 애굽 사람으로 이 백성에게 은혜를 입히게 할지라 너희가 나갈 때에 빈손으로 가지 아니하리니 여인들은 모두 그 이웃 사람과 및 자기 집에 거류하는 여인에게 은 패물과 금 패물과 의복을 구하여 너희의 자녀를 꾸미라 너희는 애굽 사람들의 물품을 취하리라" 출 3:20-22

거기까지 이야기를 듣던 아브라함은 못내 흥분한 듯 보였다. 미래에 일어날 일을 듣고 과연 하나님이 어떻게 역사하실지를 들으니 하나님을 더 신뢰하게 된 것 같았고, 그동안 겪어 봐서 알던 하나님보다 훨씬 더 위대하고 좋은 하나님이시라는 눈빛을 보였다.

"아! 그래서 그렇게 말씀하셨구나. 그래서였어. 400년 후에라야 이 땅을 차지하게 될 것이라는 말씀은 바로 이 말이었어. 정말 하나님은 약속을 지키셨구나. 정말, 아, 하나님!"

아브라함은 연신 감탄사를 내뱉으며 중얼거렸다.

"…"

나는 잠시 기다렸다. 그의 표정엔 뭔가를 크게 깨달은 통찰의 빛이 서려 있었다. 아브라함은 계속 중얼거렸다. 하나님의 역사는 타이밍인데, 그분의 일방적 타이밍이 아니라 인간 쪽에 맞춘 타이밍이라는 것을 확인하였다. 하나님의 역사가 일어나지 않는 것은 그분이 주무시거나 외면해서가 아니라 인간 편에서 준비가 되지 않아서다. 따라서 기적의 시대가 끝난 게 아니라 믿음의 시대가 끝나서일 뿐이다. 그런 까닭에 하나님은 언제나 자기 백성이 완전하기를 요구하신다.

> "아브람이 구십구 세 때에 여호와께서 아브람에게 나타나서 그에게 이르시되 나는 전능한 하나님이라 너는 내 앞에서 행하여 완전하라" **창 17:1**

이것은 예수님께서도 동일하게 말씀하셨다.

> "그러므로 하늘에 계신 너희 아버지의 온전하심과 같이 너희도 온전하라" **마 5:48**

그리고 예수님이 대제사장적 기도를 올리시는 요한복음 17장에서도 동일하게 말씀하신다.

"곧 내가 그들 안에 있고 아버지께서 내 안에 계시어 그들로 온전함을 이루어 하나가 되게 하려 함은 아버지께서 나를 보내신 것과 또 나를 사랑하심같이 그들도 사랑하신 것을 세상으로 알게 하려 함이로소이다" 요 17:23

하나님의 사람이 되는 첫 번째 조건은 성결과 거룩함이며, 그를 통한 온전함이다. 온전한 신앙인은 그 자체로 충분하기 때문에 세상의 그 무엇을 필요로 하지 않거니와 세상과 동화되지도 않는다. 그는 영혼의 닻(히 6:19)을 깊이 내리고 있기에 세상 풍조에 휩쓸리지 않는다. 연못에선 물을 정화시키는 수생 식물이요, 칠흑같이 어두운 세상에선 빛이며, 썩어가는 세상에서는 소금이 된다. 3퍼센트의 소금이 바다를 썩지 않게 유지하듯 지구의 역사는 소수의 경건한 백성들에 의해서 유지되어 왔다. 그들은 결정장애자들이 아니었다. 누구보다 용단을 잘 내렸던 이들이었고 하나님의 말씀만을 붙들고 살았던 사람들이었다.

/맺/음/말/

## 결정장애의 치료제는 믿음이다

　결정장애는 인간이 자기 인생의 주인이 되려 할 때 발생하는 정신병리현상이다. 이미 이 세상 풍조는 온통 인간 스스로가 주인이라고 세뇌시켰다. 제도화된 교육이 그렇고, AI로 대변되는 첨단 과학이 그렇게 말을 하고 있다. 그래서 이런 패러다임 아래서 교육을 받은 사람들은 어른 아이 할 것 없이 다 결정장애자가 된다. 자기 인생도 결정하지 못하고 풍조에 휩쓸려 가는 존재가 되고 만다. 자기 생각이라고 말하지만 실은 주입된 생각, 세뇌된 생각, 규격화된 생각일 뿐이다. 그런 사람이 결정장애자가 되는 것은 당연하다.
　믿음을 가졌다는 것은 인생의 내비게이션을 받았다는 말이다. 목적지를 설정하면 길을 잘못 들었더라도 바로 경로를 재탐색해서 알려 주는 내비게이션 덕분에 목적지에 안전하게 도착할 수 있는 것처럼 인생의 여정도 마찬가지이다. 아브라함은 갈대아 우르를 떠날 때 하나님이라는 내비게이션의 안내를 따라 평생을 살았다. 그러는 사이 결정장애자였던 아브라함은 더러 곁길로 가기도 했지만 끝내 종착지에 도착하였고, 그때의 아브라함은 결정의 달인이 되어 있었다. 하나님을 온전히 믿고 신뢰하는 사람에게는 결정장애가 생기지 않거니와 결정장애자였더라도 선택의 달인으로 바뀐다. 왜냐하면 하나님을 믿는 자, 곧 그 뜻대로 부르심을 입은 자들에게는 모든 것이 합력하여 선을 이루기 때문이다.

현대의 문명인들이 신앙무용론을 말하는 것은 과학적 사고의 패러다임에서 나오는 관점일 뿐이다. 그들은 신앙이 없이 세상을 사는 것은 내비게이션이나 지도 없이 길을 떠나는 것과 같고 바다로 떠나는 선장이 나침반을 챙기지 않는 행위와 같다는 것을 모른다. 오히려 미래로 갈수록 정신적·영적 배고픔으로 허덕이는 사람들은 더 많아질 것인데 S-R이론이라 불리는 과학적 사고로는 다분히 물질적이라 영적인 부분을 설명할 수 없기 때문이다.

물리학을 'physics', 철학을 'meta-physics'라고 부르는데 'meta'라는 접두어는 너머를 지칭한다. 그래서 정신적 영역인 철학은 과학보다 우위에 존재한다. 그런데 종교는 철학보다 더 높은 차원이다. 따라서 과학적 패러다임을 가지고 종교의 세계를 탐색하고 판단한다는 것 자체가 어불성설이다.

이젠 세상을 따라 살 것인지 하나님께 순종하며 살 것인지 결단을 촉구하는 위대한 선진들의 엄한 목소리를 들어야 할 때다. 하나님을 온전히 섬기기로 선택한다면 결정장애는 앞으로 나와 아무런 상관이 없다. 결정장애야, 영원히 굿바이!

# 결정장애치유

인터뷰: 결정장애자 아브라함

1판 1쇄 인쇄 _ 2022년 5월 20일
1판 1쇄 발행 _ 2022년 5월 25일

**지은이** _ 이병준
**펴낸이** _ 이형규
**펴낸곳** _ 쿰란출판사

**주소** _ 서울특별시 종로구 이화장길 6
**편집부** _ 745-1007, 745-1301~2, 747-1212, 743-1300
**영업부** _ 747-1004, FAX 745-8490
**본사평생전화번호** _ 0502-756-1004
**홈페이지** _ http://www.qumran.co.kr
**E-mail** _ qrbooks@gmail.com / qrbooks@daum.net
**한글인터넷주소** _ 쿰란, 쿰란출판사
**페이스북** _ www.facebook.com/qumranpeople
**인스타그램** _ www.instagram.com/qrbooks
**등록** _ 제1-670호(1988.2.27)
**책임교열** _ 이화정·이민경

ⓒ 이병준 2022  ISBN 979-11-6143-731-6  03230

책값은 뒤표지에 있습니다.
이 출판물은 저작권법에 의해 보호를 받는 저작물이므로 무단 복제할 수 없습니다.
파본(破本)은 구입처에서 교환해 드립니다.